幕末・維新・明治の偉人たち

# 渋沢栄一と同時代を生きたキーパーソン100

# 渋沢栄一の足跡

幕末から昭和初期にかけての激動の時代を、数々の挫折を繰り返しながらも志高く生きた渋沢栄一。約500社の企業の創立、600の公共事業に関わり、〝日本資本主義の父〟と呼ばれた男は、いかにして出来上がったのか——90年の生涯を駆け足でひもといてみる。

血洗島時代

# 富農の家に生まれ早くから商才を発揮
# 横浜居留地襲撃を計画するも挫折

渋沢栄一は１８４０（天保11）年、武蔵国榛沢《はんざわ》郡血洗島村（現埼玉県深谷市）の富農、市郎右衛門、栄《えい》の長男として生まれた。後年、栄一が生まれ故郷の話をするたびに質問された血洗島という地名には、〝赤城山の山霊《さんれい》が他の山霊と戦って腕をもがれ、その傷口をこの地で洗った〟という言い伝えもあった。村は岡部藩の領地で、栄一が生まれた頃は渋沢姓が十数軒あり、〝中の家〟、〝東の家〟、〝西の家〟などと家の位置関係で区別していた。栄一の生家は宗家に当たる〝中の家《なかんち》〟で、畑作、養蚕で生計を立てていた。父・市郎右衛門は、勤勉で、教養、商才、人徳があり、母・栄も慈悲深く、困っている人を見過ごすことがなかった。栄一は父から『論語』などを学び始め、

血洗島村の生家

7歳になると10歳年上の従兄で、秀才と名高い尾高惇忠（新五郎）のもとで学び始める。一緒に学ぶ中には、惇忠の弟で4歳上の長七郎、〝新屋敷〟の従兄で2歳上の喜作がいた。4人は、その後の人生で同志的存在となっていく。

14歳になると栄一は本格的に家業を手伝い、早くも商才の片鱗を示した。栄一が17歳の１８５６（安政３）年、岡部藩から富農に御用金が課せられ〝中の家〟は５００両の割当だった。父の代理で代官所に出向いた栄一は、役人からの難癖をつけられ、ひどく侮辱された。結局〝中の家〟は御用金を払うが、栄一の心に、武士というだけで社会の上位を占め、農民というだけで侮辱される封建社会に対する強い反感が生まれた。１８５３（嘉永６）年の黒船来航以来、世情は騒然としていたが、尊王と攘夷の重要性を説く水戸学に傾倒する惇忠の影響もあり、栄一にも尊王攘夷の念が生じていた。

１８６２（文久２）年、栄一らは攘夷鎖港の勅命が出ても何もしない幕府に憤慨し、横浜の外国人居留地焼き討ちを計画する。父・市郎右衛門は「道理を踏み、誠意を貫いて、仁人義士（思いやりがあり人の道を守る人）となるなら、たとえお前が死んでも私は満足」と言う。しかし決起は挫折。京都を見聞した長七郎に犬死にするだけと反対されたからだ。栄一は後に「自分たちの決心はとんでもなく無謀だった」と回想している。栄一は取り締まりの日を逃れて京都に向かう。

※渋沢栄一は、幼少期から市三郎、栄二郎、栄一郎、後に篤太夫、篤太郎などの名や通称があったがここでは栄一とする。年齢は数え年で表記。

一橋家
仕官時代

# 財務改革の実践と近代的な欧州の見聞
# 実業家への基礎を学んだ一橋家仕官時代

1863（文久3）年、決起に挫折した栄一は京都に向かうが、徳川御三卿のひとつ、一橋家用人・平岡円四郎の家来という通行手形を所持していた。平岡は一橋慶喜の側近で、〝一橋に平岡あり〟と評されるほどの人物だったが、当時は将軍後見職の慶喜に従って京都にいた。平岡は以前より、栄一が幕府に批判的なことを知りながら交流してくれていたが、そのつてを頼ったのだ。京都滞在中、栄一が書いた幕府批判の手紙が取締方の手に渡ってしまう事件が起きた。栄一に捜査の手が伸びることを案じた平岡は、節を曲げてでも一橋家に仕官しないかと勧める。倒幕の考えを捨てていない栄一だったが、悩んだ末に仕官を決める。

栄一が仕えることとなった一橋（徳川）慶喜

1864（元治元）年、栄一は慶喜の家臣となり、一橋家の財政改革などで功績を上げ、2年もしない間に勘定組頭に昇進した。この間には、西郷隆盛を訪ねて人物の大きさに感銘を受け、新選組の土方歳三と行動を共にすることもあった。その一方で、平岡円四郎が暗殺される悲劇も。1866（慶応2）年、主君の慶喜が将軍となった。栄一は心ならずも幕臣に転じたことに落胆したが、そんな折、パリ万博に派遣される幕府使節団への随行が決まる。

1867（同3）年、使節団はパリに到着。万博視察後はスイス、ベルギー、イギリスなどを歴訪した。しかしこの間に幕府は崩壊、使節団は1868（慶応4）年秋に帰国。随行中、栄一の見聞はあらゆる産業におよんだが、特に、パリで銀行、株式取引所、株式会社の仕組みを学んだことは、後に「合本主義」を実践する栄一に大きな影響を与えた。そしてフランスの銀行家（商人）と軍人（武士）との関係にも衝撃を受けた。「二人は全く対等で、官尊民卑の日本人から見て驚くばかりに親密で、感銘と教訓を得た。私は実業を振興し官尊民卑の旧習を打破しようと考えました」（『渋沢栄一自伝』）。帰国した栄一は静岡藩に慶喜を訪れ、藩の殖産振興のため、「商法会所」を設立。栄一が慶喜に仕えたのは5年程だが、「私が今日あるのは一に一橋家仕官時代に始まった」と回想している（『渋沢栄一自伝』）。

新政府時代

# 大蔵省で日本の近代化政策を立案 製糸場建設や銀行条例に熱意を注ぐ

1869（明治2）年、静岡の栄一に新政府から呼び出しがあり、上京すると大蔵省への出仕を求められた。静岡での生活が軌道に乗りつつあった栄一は、大蔵大輔《たいふ》の大隈重信（旧佐賀藩士）に面会し、辞退しようとする。しかし論客の大隈から「新しい日本をつくる八百万の神の一柱となってほしい」と説得をされ辞意を撤回、官吏となった。大蔵省ではほかに大蔵卿（大臣）に幕末四賢侯のひとり伊達宗城（旧宇和島藩主）、少輔《しょうゆう》に伊藤博文（旧長州藩士）、権大丞《ごんのたいじょう》に井上馨（旧長州藩士）など、そうそうたる人物が要職を占めていた。

栄一の出仕を説得した大隈重信

栄一の“上司”だった井上馨

栄一は江戸時代の旧制度に変わる新しい制度作りのため、諸事案を企画提言する新部局「改正掛」を設置し、掛長となって静岡藩の杉浦譲、越後国出身の前島密など気鋭の人々を集めた。杉浦譲は万博使節団に随行したメンバーのひとりだった。改正掛は度量衡の統一、物納から金納への租税制度改正、太陰暦から太陽暦への転換、貨幣制度、郵便制度などを次々に提案。そのひとつには製糸場建設もあった。幕末以来、生糸は日本の最大の輸出品だったが、品質悪化が問題となり官営製糸場が計画されたのだ。栄一は製糸場設置主任となり、1872（同5）年、富岡製糸場が完成。初代場長には栄一の縁で官吏となっていた尾高惇忠が就いた。

1871（同4）年、大久保利通が大蔵卿、井上馨が大蔵大輔となり、栄一は大蔵権大丞になった。新政府の財政基盤はまだ弱く、税収総額さえ把握できない中、陸海軍をはじめ各省はそれぞれ勝手に予算を要求していた。井上と栄一は収支のバランスを精査すべきと主張したが、大久保は二人の意見に耳を傾けず激しく対立した。

同年、大久保が岩倉使節団の一員として日本を離れると、栄一は井上に協力して歳入総額を調査するとともに、節約に努めて得た余剰金をもとに、1872（同5）年、国立銀行条例を公布した。しかし、各省からの経費増額要求は止むことがなく、政権幹部の支持も得られなかった井上は、1873（同6）年、辞職。実質ナンバー2だった栄一も井上と行動を共にし、大蔵省を去った。

実業家時代

## 「官尊民卑の打破」「合本主義」を掲げ500社あまりの企業に関わり日本近代化に邁進

大蔵省を辞した栄一はまず銀行を設立する。井上馨とともに国立銀行条例をつくった栄一に、独自に銀行設立を計画していた豪商・三井組が協力を求めてきた。栄一は設立すべき銀行はあくまで民間企業で、1社資本の独占ではなく、複数資本による合本主義を主張した。そして1873(明治6)年、三井組と小野組を中心に数十人の株主を募り、日本初の銀行「第一国立銀行」を創立。頭取は三井・小野からひとりずつで、栄一は二人の頭取を調整する総監役となった(〝国立〟と冠しているが株式による民間銀行)。銀行そのものがまだ世間に知られておらず紆余曲折もあったが、栄一は第一国立銀行を皮切りに数多くの会社設立、運営に関わっていく。

栄一が実業を行うにあたっては「官尊民卑の打破」と「合本方式による経営(合本主義)」という明確な考えがあった。「官尊民卑の打破」は、血洗島時代に身分の違いによって代官所で受けた屈辱と、パリで官と民が同じ立場で接するのを見た感動によって、栄一の生涯の目標となった。そして合本主義による会社が発達すれば日本は近代化し、商工業者の地位も上がって、官と民の差が縮まるという考えだった。栄一自身、合本主義について明確な説明をしていないが、「公益を追求するという使命・目的のために人材と資本を集めた合本組織で事業を推進する考え方」とされる。要するに今では当たり前の株式会社方式※だが、明治初期においては個人経営のほうが優れているという考えの実業家も多かった。そして栄一の考える合本主義は、公益性や参加者の合意に力点が置かれ、株による会社の独占や、同業者を蹴落としての利益独占には反対した。栄一は、企業の利潤追求は肯定したが、根底には(『論語』に基づく)道徳が必要だという「道徳経済合一」も唱えた。「日本資本主義の父」と言われる栄一だが、自身は資本主義という言葉をほとんど使わず、財閥も作らなかった。〝渋沢〟の名前を冠する会社さえも、一部の例外を除けば存在しなかった。

明治を代表する実業家で栄一と対照的なのが、ライバル関係にもあった三菱財閥の創始者・岩崎弥太郎だ。ある時、岩崎が渋沢を屋形船に誘い、「合本主義は船頭多くして船山に上るようなもの。それよりも二人で手を組めば利益は思うまま」と提案したが、渋沢は、「独占は健全な経済の発展につながらず、合本主義を貫くつもりである」と答えたという(渋沢秀雄『渋沢栄一』)。

銀行、製紙、製糸、ガス、電気、印刷、造船、海運、新聞、繊維、麦酒、ホテル、保険、製薬、通信など、生涯に約

※必ずしも株式会社方式ということではなく、栄一が関わった企業には、合資会社、匿名会社もあった。

500もの会社や証券取引所、経済団体などの設立・運営・支援に関わった栄一は、数えで古希（70歳）となった1909（同42）年、第一銀行（国立第一銀行の後身）など一部を除いて役職を辞し、喜寿（77歳）を迎えた1916（大正5）年、経済界から引退した。明治・大正を経て、栄一の唱えた「官尊民卑の打破」や「合本主義」による日本経済の発展は進んだが、果たして道徳経済はどうなのか？帝国ホテルで開かれた引退披露会の挨拶で、栄一は、「今日の実業界は物質は大に進んだが、精神が同じく随伴したかと申すと或は疑点なきを得ざるの感があります」とも指摘した。

“日本資本主義の父”と謳われる栄一は、「経済は道徳より生じ、道徳は経済の働きによって発達する」という、道徳経済合一説を唱えた

社会・公共事業時代

## 養育院、教育、文化、民間外交……約600の社会・公共事業に携わる

実業界引退後、栄一は「養育院」の設立、女子教育支援、文化、民間外交など、約600もの社会・公共事業に傾注した。養育院は困窮者、孤児、老人などの保護施設で、幕府の貧民救済資金を元に設立され、栄一は1890（明治23）年に養育院が市営となってから晩年まで院長を務めた。栄一は、養育院の財源を確保するために、鹿鳴館でのバザー開催なども行っている。慈悲深かった母・栄の影響もあったのかもしれない。教育にも強い関心を持ち、特に「女子教育」と「商業教育」に力を入れた。女子教育では東京女学館、日本女子大学校（日本女子大の前身）などの設立に関わり、女子教育の必要性を説いた。商業教育では、現場で事業を動かすことのできる人材を増やしたいと考え、簿記など実学を学べる商業高校の設立に注力した。栄一は徳川慶喜の伝記も編纂。大恩ある慶喜が、幕府崩壊時に〝命を惜しんだ〟などの悪評があることに心を痛めていたことによる。また、民間外交の功績によってノーベル平和賞候補にも推薦された栄一は、1931（昭和6）年11月永眠。死の直前まで養育院の運営を気にしていたという。

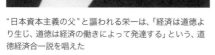

# 渋沢栄一と同時代を生きたキーパーソン100

## 目次

# 血洗島時代

## ～23歳

渋沢栄一は現在の埼玉県深谷市の富農の家に生まれ、家業を手伝う一方、幼い頃から従兄弟の喜作や長七郎らと学問や剣術を学んだ。従兄で師でもあった尾高惇忠らの影響で「尊王攘夷思想」に傾き、攘夷実行を計画するが挫折する。

# 尾高惇忠

Odaka Junchu

1830（文政13）年〜1901（明治34）年

実業家・富岡製糸場長

## 富岡製糸場初代場長を務めた栄一の生涯の師

渋沢栄一の従兄であり論語の師でもあった尾高惇忠は、1830年、武蔵国榛沢郡下手計《しもてばか》村（現埼玉県深谷市）の名主・尾高保孝の子として生まれた。農業と藍玉商売のかたわら、幼いころから学問と剣術に精を出し、17歳のころに曾祖父が建てた生家で私塾を開いた。近郷の子供たちに漢籍などを教えたが、栄一や渋沢喜作（成一郎）も教え子のひとりである。「知行合一《ちこうごういつ》」の陽明学に精通し、栄一の人生に大きな影響を与えた。

1863（文久3）年に、栄一や、従弟の喜作らとともに高崎城を襲って武器を奪い、横浜外人居留地を焼き討ちにした後、長州と連携を図って討幕を果たすという計画を立てるが、帰郷していた弟の尾高長七郎の説得によって中止された。1868（慶応4）年の戊辰戦争の折には彰義隊に参加するが、後に脱退し、喜作らと振武軍を結成して飯能にあった能仁寺を拠点に官軍と戦うが敗退。この戦で惇忠の弟・尾高平九郎は自決、惇忠と喜作は箱館まで転戦した。

維新後の1869（明治2）年、役所による農業用水の取水口変更に関して抗議を行い、政府に陳情して問題を解決したことが政府高官に評価された。また、大蔵省に出仕していた栄一の従兄（栄一が惇忠の妹・千代と結婚したため義兄でもあった）という縁もあり、新政府に出仕。1870（同3）年には民部省監督権少佑《ごんのしょうゆう》に、ついで大蔵省勧業寮富岡製糸場掛となった。富岡製糸場設立には用地の選定から携わり、「至誠如神」を信条に経営にあたった。また、当初、なり手のいなかった工女を集めるため、食費などは工場持ち、教育にも手を尽くし、工女としての技術のみならず、各人の教養の向上にも努めた。

1876（同9）年に富岡製糸場を辞し、翌年、第一国立銀行頭取の栄一の依頼を受け、盛岡支店の支配人として着任。1881（同14）年には商工会議所の前身にあたる盛岡商法会議所を設立し、盛岡の産業と経済の発展に尽くした。1892（同25）年、同会議所を辞し、1901年、東京にて死去。71年の生涯だった。

## 渋沢栄一との関係

### 栄一の人生の基礎を作った生涯の師

「藍香（惇忠）ありて青淵（栄一）あり」（今日の自分があるのは、ひとえに惇忠の教えのおかげだ）。栄一の惇忠への思いがよくわかる言葉だ。栄一は７歳で惇忠の私塾へ通い始め、本当の知は実践が伴わなくてはいけないという陽明学の「知行合一」の教えを基本方針としたこの塾で人間としての基礎教育を受けた。以来、生涯にわたり惇忠を師と仰いだ。実際、一橋家に出仕できたのも、実業家として成功したのも、惇忠から、学問だけではなく人の道も教えられたからといっていい。「学あり行いあり君子の器、われまた誰を頼らん、何ぞわれを捨てて逝けるや」惇忠の墓碑に記された栄一の言葉だ。

### 「至誠如神」

「至誠神の如し」——たとえ才能に恵まれずとも、至誠を尽くせばその姿は神様のようなものだという意味。富岡製糸場に初代場長として着任した惇忠は、この四文字を大書した額を場長室に掲げて経営方針とした。

## エピソード

### 日本初の伝習工女は惇忠の娘だった

まだ外国人など見たこともない日本人がほとんどだった明治初期。フランス人のお雇い外国人を指導者に招いた工場に娘を奉公に出す家など皆無に近く、富岡製糸場には工女のなり手がいなかった。初代場長だった惇忠は、14歳だった実の娘・勇を西洋式製糸技術習得のため工女第一号として入所させた。

製糸場には「女工哀史」のイメージもあるが、富岡では労働時間は１日平均７時間45分、日曜は休日、食費、医療費などは国の負担と先進的な労働環境だった。こうした取り組みが評判を呼び、当初「フランス人が工女の生き血を飲む」などと恐れられた製糸場に、その後、女工は順調に集まるようになった。

機械製糸の普及と技術者育成という目的を果たした製糸場は三井家に払い下げられ、その後独立。長期間、製糸工場として運営された。２０１４（平成26）年、「富岡製糸場と絹産業遺産群」として世界遺産に登録された。

# 渋沢喜作

## 尊攘の志士から彰義隊に転じた栄一の従兄

Shibusawa Kisaku

幕臣・実業家

１８３８（天保9）年〜１９１２（大正元）年

　成一郎と称すが、明治維新後に幼名の喜作に名を戻した。榛沢郡血洗島村（現埼玉県深谷市）に養蚕・製藍を生業とする富農の嫡男として生まれる。渋沢栄一、尾高惇忠・長七郎・平九郎の従兄弟。栄一より2歳年長で、幼少期より行動をともにしていたとされる。一族の従兄弟たち同様、神道無念流の剣術を修練。水戸学に傾倒する惇忠を師として漢学を学んだ影響から、栄一同様、尊王攘夷の志を持つようになった。

　１８６３（文久3）年、惇忠、栄一らと、高崎城乗っ取りと横浜外国人居留地の焼き討ちを計画するが、長七郎の反対にあって断念。幕吏の追及を逃れるため、栄一と京都に向かう。江戸で知遇を得ていた一橋家の用人、平岡円四郎の勧めで一橋家に仕官。１８６６（慶応2）年、徳川慶喜が15代将軍となり、喜作も幕臣に。奥右筆格内《おくゆうひっかくない》務掛《むがかり》に取り立てられるなど出世する。

　１８６８（同4）年、鳥羽・伏見の戦いでは、薩長軍と交戦して、右脚を負傷。江戸に戻り、彰義隊の結成に参加、頭取となるが、ほどなく副頭取の天野八郎と不和が生じ、上野戦争が勃発する前に彰義隊を脱退する。

　惇忠を参謀格に同志とともに田無村（現東京都西東京市）で振武軍を結成して隊長となる。彰義隊の上野での敗戦の報を受け、飯能村（現埼玉県飯能市）に転陣して新政府軍を迎え討つが敗戦。秩父や上州に潜伏後、榎本武揚の旧幕軍に合流する。振武軍、彰義隊の残党らと新たな彰義隊を結成して隊長となり、蝦夷地に上陸。箱館戦争では、福山城（松前城）攻略などで勇戦する一方、彰義隊が喜作派と反喜作派に分裂。喜作派は小彰義隊となる。

　１８６９（明治2）年の降伏後は投獄されていたが、１８７２（同5）年に赦免されて出獄。大蔵省の大蔵大丞だった栄一の推挙で同省勧業課に出仕、蚕糸業踏査のために渡欧する。１８７３（同6）年の帰朝後に大蔵省を退官、小野組を経て、横浜で生糸貿易業、東京で廻米問屋《かいまいどんや》を開業。東京商品取引所理事長に就くなど実業界で活躍するが、米相場などへの投機で巨額の損失を出して、栄一が弁済したこともあった。晩年は事業を長男に譲った。

## 渋沢栄一との関係

### 幼少期から何をするのも一緒だった従兄弟同士

栄一が後年、「何事にも私と喜作とは幼年の頃より二人揃つて行つて来た」と回想するように、年の近い従兄弟の２人は、青年期までほぼ行動をともにしていた。一橋家に仕官するようになって、将軍継嗣問題が起きた際には、慶喜の将軍就任に２人で「涙を憚って止めた」という。道が分かれるのは、栄一が徳川昭武のパリ万博幕府使節の随員として渡欧したことによる。栄一が帰国するまでに幕府は崩壊。喜作は戊辰戦争で、旧幕府側として新政府軍との戦いに突き進むことになる。維新後、朝敵となった喜作を栄一は、大蔵省の仕官へ推挙、民間への就職斡旋、起業の相談など面倒をみる。２人の親密な関係は晩年まで続いた。

## エピソード

### 鳥羽・伏見の戦いでは慶喜の大坂脱出にあぜん

郷里で攘夷の志士だった喜作は、一橋家へ仕官することで、本人の意に反して幕臣へ転じて出世を遂げる。

鳥羽・伏見の戦いでは軍目付として転戦後、帰坂すると慶喜がすでに大坂から脱して江戸へ戻ったことを知って驚愕、「只、血涙のみ」だったという。

彰義隊への参加は、学問の師である惇忠の後押しがあった。頭取となった彰義隊をすぐ脱退したことは、江戸開城後、慶喜が水戸へ退去したことで、日光に退いて体制を整えたい喜作と上野での戦いにこだわった天野八郎の反目が根底にあったという。

維新後は、渡欧、実業家への転身と、栄一以上ともいえる波乱に満ちた生涯を送った喜作。

栄一は二人の性質の違いを「私は何事にも一歩々々着々進んで行かうとする方であるに反し、喜作は一足飛びに志を達しようとする投機的気分があつた」と評している。

# 幕末の動乱に散った渋沢栄一の従兄弟たち

## 尾高長七郎
Odaka Choshichiro

1836（天保7）年～
1868（明治元）年
剣術家

## 渋沢平九郎
Shibusawa Heikuro

1847（弘化4）年～
1868（慶応4）年
剣術家

### 尾高長七郎

尾高惇忠の弟。妹の千代が嫁いだ従弟の渋沢栄一より4歳年長となる。兄の惇忠より漢学を学び、従兄の渋沢新三郎の下で、神道無念流剣術を修業。剣術家への道を進み、北関東屈指の使い手とうたわれるようになる。

1854（安政元）年、江戸に出て、海保漁村の下で儒学、伊庭軍兵衛の道場で心形刀流を学ぶ。惇忠の意を受け、憂国の志士たちと深く交わるようになる。1861（文久元）年、輪王寺宮公現法親王を奉じて日光山で挙兵しようとするが、断念。大橋訥庵らの老中・安藤信正襲撃計画（坂下門外の変）に参加するが、惇忠の反対で訥庵一派から離脱し、上州や信州で身を潜めた後、京に逃亡する。高崎城乗っ取り、横浜外国人居留地焼き討ちを計画する惇忠、栄一らに呼び戻されるが、京の情勢を知る長七郎は強く反対して、計画をとん挫させる。

1864（元治元）年、戸田ヶ原（現埼玉県戸田市）で通行人を殺傷して捕まり、伝馬町の獄舎で、維新後まで入牢。精神に変調をきたし、1868（明治元）年、実家で死去する。

### 渋沢平九郎

尾高惇忠、長七郎の弟。惇忠から学問を習い、剣術は地元の道場「練武館」で神道無念流を、後に江戸で心形刀流を学んだとされる。惇忠、従兄の渋沢栄一らの高崎城乗っ取り計画に当時10代だった平九郎も参加する。

1866（慶応2）年、栄一がパリ万博幕府使節の随員として渡欧することになった。長男が早世して跡を継ぐ男子のなかった栄一は、見立養子（後嗣）に平九郎を指名してパリに旅立つ。

栄一が渡航中の、1868（同4）年、平九郎は従兄の渋沢成一郎（喜作）が頭取となった彰義隊に加わる。彰義隊が内部分裂後、喜作、惇忠と新たに振武軍を結成。彰義隊の壊滅後、飯能村（現埼玉県飯能市）で官軍を迎え討つが敗走し、追っ手の斥候隊と遭遇して自刃する。姓名不明の死者として弔われ、栄一、惇忠ら遺族に最期の様子と自決した場所が判明したのは、1873（明治6）年のことだった。

惜しまるる時ちりてこそ世の中の人もひとなれ花もはななれ

自刃した平九郎の懐にあった２首の歌のひとつ。

写真は渋沢平九郎

## 渋沢栄一との関係

### お互い刺し違える覚悟 長七郎と栄一の激論

幼い頃からともに学んできた長七郎と栄一。剣豪として名を馳せた長七郎について栄一は、「竹刀を持ってはまるで子ども扱いされた」と回想している。

栄一たちによる高崎城乗っ取りと横浜外国人居留地焼き討ちの企てを、京より帰郷した長七郎は暴挙と断じ、「今日我々同志が兵を挙げても、只の百姓一揆と見做されて、決して京都よりの応援などは望めない。直に幕府や近傍諸藩の兵に討滅されるのは明である」と強硬に反対、「自分（栄一）を殺しても挙兵を抑止する」と言って、お互い血眼になって論じたという。

その不幸な死を悼み、栄一自ら墓碑を建立している。

## 渋沢栄一との関係

### 容貌も気立てもよかった平九郎の早すぎた死

尾高家の七子で、長七郎、栄一、渋沢喜作ら従兄弟たちの中で、年が離れた弟だった平九郎。その人となりについて栄一は、「風采、容貌共に秀でて誠に気立てが善かつた」「撃剣は大変勝れて、私等と一処に稽古してゐた頃は十五、六才であつたが年若にしては余程強かつた」と追想している。

栄一は、自分が渡欧している間、平九郎が振武軍に加わったことについて、惇忠、喜作の存在が大きかったことから理解を示しつつも、振武軍のやり方は少々まずく、自分なら他に方法もあったろうとして、平九郎は早まりすぎたと悔やんでいる。

黒山（現埼玉県越生町）の山中で自決した平九郎の首級は官軍の宿営地だった寺の境内に、首から下の遺体は近隣の墓地に埋葬されたという。後年、その若者が平九郎とわかって、栄一は遺骸を収容して、上野寛永寺で仏事を行った上で、谷中の墓地に改葬した。

# 海保漁村

Kaiho Gyoson

1798（寛政10）年～1866（慶応2）年

儒学者

## 渋沢栄一が江戸で師事した儒学者

上総国武射郡北清水村（現千葉県横芝光町）で医師・海保修之の三男として出生。儒学者・太田錦城に師事。1830（天保元）年、江戸で私塾を開く。門人には、栄一のほか政治家・鳩山和夫（鳩山由紀夫元総理の曾祖父）らがいる。漁村の塾では身分の隔たりなく平等に学問を教えたという。漁村自身も諸侯からの招きをことわり生涯を庶民教育に捧げた。栄一は、江戸下谷練塀小路の海保漁村塾や神田お玉が池の北辰一刀流千葉道場に出入りし、多くの志士と交友を重ねた。

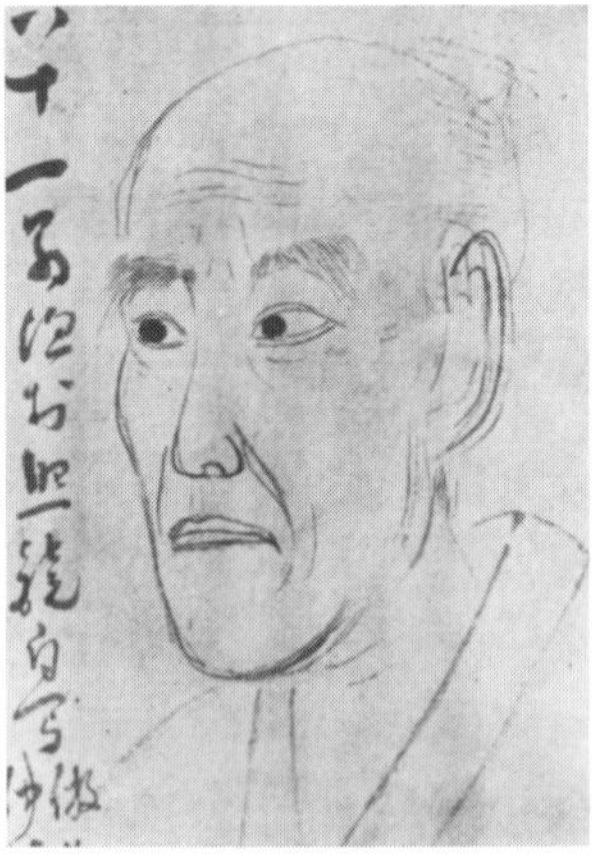

## 一度は訪ねたい！栄一の故郷に建つ記念館

2021年の大河ドラマの主人公として、また新一万円札の肖像として注目を集める渋沢栄一について、もっと知りたいという人のために、栄一が惇忠や喜作らと共に23歳までを過ごした故郷に建つ展示研究施設を紹介したい。

栄一の故郷、血洗島がある現埼玉県深谷市の「渋沢栄一記念館」がそれ。資料室で栄一ゆかりの写真や遺墨など数多くの資料を見学できるのはもちろん、講義室では栄一のアンドロイドによる講義を聞くこともできる（見学は事前予約が必要）。また、多目的室では栄一に関する映像も見られる（2021〈令和3〉年1月末までは休祝日のみ）。

### 渋沢栄一記念館

- 見学時間：資料室／午前9：00～午後5：00　講義室／午前9：30～午後4：00（最終講義は午後3：30～）
- 休館日：年末年始（12月29日～1月3日）。ただし2021年3月10日（水）は臨時休室
- 利用料金：資料室、講義室の見学は無料
- アクセス：最寄駅／JR高崎線深谷駅または岡部駅。車／関越自動車道花園ICから約40分、本庄児玉ICから約30分（駐車場あり。75台）
- 所在地：〒366-0002埼玉県深谷市下手計1204
- 電話：048－587－1100

# 一橋家仕官時代

24〜29歳

決起に挫折した栄一は、徳川慶喜の側近・平岡円四郎との縁で一橋家に仕える。一橋家時代は財政改革の担当やパリ万博幕府使節団に随行しての欧州諸国見聞など、貴重な経験を積み、後の実業家・渋沢栄一誕生に大きな影響を与えた。

# 阿部正弘

## 条約を締結し、鎖国政策を終結に導く

Abe Masahiro

1819（文政2）年～1857（安政4）年

老中・福山藩主

阿部正弘が誕生したのは1819年。備後福山5代藩主・阿部正精の子として江戸で生を受けた。1836（天保7）年、病弱だった兄・正寧の隠居にともない、備後福山10万石の7代藩主に就任した。藩政では、藩校誠之館を江戸、福山に設立するなどして、教育に力を注いだ。

1840（同11）年、22歳で寺社奉行、1843（同14）年、25歳という異例の若さで老中に抜擢された。天保の改革を主導した水野忠邦失脚後の1845（弘化2）年、老中首座となった。外国船の出没が頻繁になり、ペリー艦隊が来航するなか正弘は「安政の改革」と呼ばれる積極的な幕政を推し進め、品川台場の建造、大船建造の許可、韮山反射炉の建設、長崎海軍伝習所・講武所・蕃書調所の設立など、海防に注力した。

正弘は、1853（嘉永6）年にペリー率いる艦隊がアメリカ大統領フィルモアの親書を携えて浦賀沖に来航した際、アメリカの要求にどう対応するべきか、外様大名を始めとする諸大名や市井などからも広く意見を求め、国論の統一をはかった。その後も永井尚志、岩瀬忠震、川路聖謨ら有能な幕臣を、身分の高下にかかわらず要職に抜擢するなど、数々の政策を推し進めた。ちなみに勝海舟は、大久保一翁からの推挙を受け、正弘が登用した人材のひとりだ。1854（同7）年、ペリーが再来日し、正弘は日米和親条約を締結。ここに200年続いた幕府の鎖国政策は終わりを告げた。

一方、水戸藩主・徳川斉昭に幕政への参与を要請し、薩摩藩主・島津斉彬、越前藩主・松平慶永、土佐藩主・山内容堂などの有力大名との協調を図った。これは、従来の幕府の姿勢からの転換でもあり、これまでの体制の在り方をよしとする譜代大名からの抵抗にあう。対立を避けるため正弘は、1855（安政2）年、老中首座を堀田正睦にゆずり、翌年には外国事務取扱も堀田に兼任させて、政局の中心から退いた。

1857年、病に倒れた正弘は、39歳の若さで死去。開国という未曾有の国難を乗り越えた正弘の手腕は高く評価されている。

## エピソード

### 阿部正弘とジョン万次郎

阿部正弘によって登用された人材の中でも異色だったのが中浜万次郎（ジョン万次郎）。土佐の漁師の次男に生まれ足摺岬沖で操業中、遭難。アメリカ船に助けられ渡米。1851（嘉永4）年に帰国。ペリー来航で対応を迫られた正弘に、アメリカの知識を有する唯一の日本人として招聘される。旗本の身分を与えられ造船、測量、航海術の指導のほか、英語の教授や通訳としても活躍した。

アメリカではオックスフォード・スクールで小学生と一緒に英語を学び、その後、測量や航海術を学んだが、寝る間を惜しんで勉学に励み、学校では首席になるほどだったという。

## エピソード

### 阿部正弘は、大奥から人気抜群のイケメンだった!?

若くして老中首座になったエリート官僚、阿部正弘。大河ドラマでは、『篤姫』で草刈正雄、『龍馬伝』では升毅、『西郷どん』では藤木直人が演じ、いかにもイケメンのイメージが強いが、実際はどうだったのだろう。肖像画を見る限り、目鼻立ちの整ったいい男だったことがわかる。加えて、大奥で起こったスキャンダルを、幕府の権威を守りながら解決に導いたというスマートさも兼ね備えていたというから女性にもモテたのではないだろうか!?

さて、2020年、正弘が使用した印章が3個見つかったと福山郷土の偉人研究会が発表。朝日新聞デジタルが伝えた。その中のひとつには「居《こ》安《あん》思《し》危《き》」と刻まれていて、「平安な時も危難に備え、用心を怠らないこと」という意味だという。政治的な文書に押された例は発見されていないというが、未曾有の難局にあたった正弘らしい印章と言えるのでは。

# 井伊直弼

Ii Naosuke

1815（文化12）年〜1860（安政7）年

大老・彦根藩主

## 職務に忠実、有能であったからこそ暗殺された傑物

1815年、近江彦根藩の彦根城に生まれる。父・直中はすでに隠居の身であったため庶子として育ち、部屋住みとして32歳まで過ごす。その間、後の家臣となる国学者・長野主膳の門下となり国学を学んだ。

1846（弘化3）年、第14代彦根藩主・井伊直亮の養嗣子《ようしし》となっていた実兄・直元が家督相続前に亡くなると、直弼は江戸へと召喚され、正式に直亮の養子になる。4年後の1850（嘉永3）年末、直亮の死去を機に15代近江彦根藩主の地位を受け継いだ。直弼は直ちに藩内の人事改革に乗り出し、評判の悪かった家臣達を一新。領内での人心掌握に成功する。

1853（同6）年6月、浦賀沖にアメリカ合衆国の船団が出現。開国を迫って大騒ぎとなる中、直弼は幕府顧問にあたる溜詰《たまりづめ》という立場から、アメリカ使節団に対応するため、幕府の要求にこたえて何度も意見を述べた。その後、老中・堀田正睦が孝明天皇の条約勅許獲得に失敗して職を辞し、急きょ行われた大老の選考では、13代将軍の徳川家定が就任を強く希望したために直弼の大老就任が決定した。

就任後、直弼は反対したが、幕閣会議は天皇の許可なく幕府主導で「無勅の調印」へと傾いていき、1858（安政5）年に日米修好通商条約（安政五カ国条約）が締結され、日本の開国が決定した。

朝廷はこの一方的なやり方に憤慨し、水戸藩に攘夷の密勅を下したことから井伊は尊攘派への弾圧を始めた。梅田雲浜、吉田松陰、橋本左内、頼三樹三郎ら多数の志士や公家衆、さらには外国奉行の岩瀬忠震ら幕臣も処刑、処分された。いわゆる「安政の大獄」である。この際に、徳川慶喜を次期将軍に推していた、いわゆる一橋派も処分を受けた。

これら一連の大弾圧に激怒した水戸脱藩浪士17名と薩摩藩士1名によって、1860年に、雪の降る桜田門外で、直弼は行列を襲われ、殺害された（桜田門外の変）。この事件によって、幕府の威信は地に落ち、公武合体運動がなお一層勢いを増すことになった。享年46。

## 渋沢栄一との関係

### 渋沢が一橋家家臣になるきっかけとなった桜田門外の変

日米修好通商条約締結以降、日本国内では倒幕・尊王攘夷の嵐が吹き荒れた。「安政の大獄」で尊王攘夷を唱える幕閣や公家達を処分する井伊直弼が水戸脱藩浪士らに殺害されたことを機に、尊王攘夷運動は過激化。栄一に尊王攘夷の考えを説いた従兄の尾高惇忠は、その一味と疑われて、岡部藩に捕らえられた。栄一は従兄の惇忠、渋沢喜作と高崎城の乗っ取り、横浜外国人居留地の焼き討ち、外国人殺害の計画を企てたが、惇忠の弟・尾高長七郎の説得で中止する。栄一は志士としての活動に行き詰まっていた1863（文久3）年、一橋家家臣の平岡円四郎の勧めで一橋慶喜の家臣となる。

## 咲きかけし　猛き心の一房は
## 散りての後ぞ　世に匂いける

「私の国に対する強い想いは、きっと後世の人に伝わるだろう」——この句は、死の前日に書き残したとされている。井伊直弼は、自身の運命を予感していたのかもしれない。

## エピソード

### 非情に徹した判断ができるが故に恨まれた名官僚

「安政の大獄」での印象から、幕末物語では非情な悪役として描かれることが多い井伊直弼だが、近江彦根藩主を継ぐとすぐに、悪政に加わっていた家臣たちを処分し、藩内に善政をもたらした。「安政の大獄」で処刑された吉田松陰も、直弼を「名君」と評している。また徳川慶喜も「才には乏しいが、決断力のある人物」と回顧録に記しており、悪役の謗《そし》りを受けても、自分の職務を全うする直弼の人物像がうかがわれる。

また、石州流の茶人としても大成しており、自著『茶湯一会集』の中では「一期一会」の大切さを説いて、その理念を広めた。

自著の中では、一期一会の概念とともに、自分自身との対話を茶に求めた「独坐観念」を主張。これは、茶会が終わって客が帰った後、その日の茶会を振り返り、やがて無一物の境界（悟りを得た境地）に至ることを指す。精神性を尊ぶ茶の湯を説いた。

# 岩倉具視

## 西郷隆盛の征韓論を退けた権謀の政治家

Iwakura Tomomi

公卿・政治家

1825（文政8）年〜1883（明治16）年

1825年、京都に生まれる。父は権中納言・堀河康親。1838（天保9）年、岩倉家の養子となる。1854（嘉永7）年、孝明天皇の侍従となり、1858（安政5）年には日米修好通商条約勅許の奏請に対し阻止を図る。

1860（同7）年、桜田門外の変の後、幕府からの皇女和宮降嫁奏請に対して、公卿側では最も熱心に公武合体を支持し、実現させた。これにより尊王攘夷派から非難され、辞官。1862（文久2）年より1867（慶応3）年まで京都・岩倉村に幽居した。その間も薩長秘密同盟に関わり、同年には王政復古のクーデターを敢行、新政府樹立を宣言した。

新政府では議定、副総裁、輔相と最重要ポストを歴任。1871（明治4）年から、岩倉が正使となり、大久保利通など政府中枢と留学生ら総勢107人が岩倉使節団として欧米諸国を外遊した。欧米の鉄道技術や産業に驚き、帰国後は日本の近代化に尽力した。

使節団が帰国した1873（同6）年、「征韓論」に端を発する「明治六年政変」が巻き起こった。当時、日本は清と対等な立場で「日清修好条規」を結んでいたが、清に朝貢していた朝鮮は明治政府との国交を拒み、鎖国していた。国内では西郷隆盛や板垣退助らにより武力開国を主張する「征韓論」が高まっていたが、岩倉は内政を優先。病気で倒れた三条実美に代わって太政大臣代理に就任し、明治天皇への上奏における宮中工作を行い、朝鮮への使節派遣を中止した。前議を覆された西郷隆盛らはこれを不服として辞職、板垣退助ら参議を中心に、軍人たちが大挙して辞した。この結果、政府は分裂し、政府への不満が不平士族と結びつき、各地の士族の反乱や自由民権運動へとつながった。

1874（同7）年1月14日夜、公務を終えた岩倉の乗った馬車が赤坂の喰違坂で襲撃を受ける。不平士族の反乱は1877（同10）年の西南戦争まで続き、1878（同11）年には大久保利通が暗殺されるに至った。晩年は華族制度の創設に尽力し、1883年にがんで没した。

# 成敗は天なり、死生は命なり、失敗して死すとも豈後世に恥じんや

生きるか死ぬかは運命であり、事の成就が失敗してもそれは天命である。「維新十傑」のひとりと評された人物の、意志の強さが窺える言葉だ。

## 渋沢栄一との関係

### 「京都の公卿に珍しく策のあった方」

幕末以来、福沢諭吉や渋沢栄一らが進めてきた近代化に関する予備調査の集大成と位置付けられるのが、岩倉具視率いる岩倉使節団だ。外遊の間、参加者から栄一宛の書簡が13通送られており、政府内での栄一の地位が推測できる。栄一は自ら語った『実験論語処世談』で岩倉具視を「京都の公卿に珍しく策のあった方」と語っている。

ちなみに、栄一の孫であるエッセイストの鮫島純子が嫁いだのは岩倉の曽孫の鮫島員重。1925（大正14）年には、岩倉の遺跡と維新前後の資料文書を保存する「岩倉公旧蹟保存会」が設立。栄一は300円を寄付した。

## エピソード

### 日本が未開国と思われないよう外遊先のシカゴで断髪

木戸孝允、伊藤博文、大久保利通らが洋装・洋髪なのに対し、岩倉具視だけが和装にまげ姿で写っている岩倉使節団の写真がある。公家出身の岩倉は安易な西洋化を嫌い、和装のまま日本を出発した。最初の訪問先であるサンフランシスコでは、岩倉の姿を写真に撮りたがる者が多く、それが異国の文化に対する好奇の目であることを知り、日本を未開国と受け取られることを避け、後に訪れたシカゴで断髪。これにはアメリカに留学中だった息子・具定の説得もあったという。岩倉の断髪が日本に伝わると、公家から徐々にまげを剃り落とし、明治天皇が断髪すると、日本中に断髪が広がった。

なお、アメリカの新聞『サンフランシスコ・クロニクル』は、使節団で訪れた岩倉の印象を「大使は洗練されていて知的な風貌をたたえており、温かく好ましい人柄と同時に威厳と風格を備えもっている」と評している。

# 川路聖謨

Kawaji Toshiakira

## 江戸幕府に殉じた最後の幕臣

幕臣

1801（享和元）年〜1868（慶応4）年

1801年、豊後国日田の内藤吉兵衛の子として生まれ、下級幕臣・川路三左衛門光房の養子となる。1817（文化14）年、17歳で幕府勘定所の登用試験に合格したことを皮切りにめきめきと頭角を表し、寺社奉行吟味物調役、佐渡奉行、奈良奉行、大坂東町奉行などを歴任した。奈良奉行時代は興福寺周辺に桜と楓の植樹を呼びかけた。また、貧民救済に尽力するなど、地元民を大切にした。

1852（嘉永5）年に勘定奉行兼海防掛を任ぜられ、国際条約交渉の第一線に立った。1853（同6）年、ペリー来航の翌月、長崎にロシア使節プチャーチンが長崎に来航。条約交渉の全権代表として幕府に抜擢された。交渉は「ぶらかし」（のらりくらりと対応して重要な決断をしないこと）を方針としたものだったが、プチャーチンは川路の人柄を「ヨーロッパでも珍しいほどのウイットと知性を備えた人物」と評したという。川路の肖像画を描こうとしたロシア人一行に「私のような醜男を一般的な日本人の顔だと思われては困る」と言って笑わせたというエピソードが残っている。

翌年の1854（安政元）年12月、下田で日露和親条約に調印した。経済力や海運力に差がある場合、貿易が後発国である日本の国内産業が打撃を受けることを危惧しながらの折衝だったという。

その後、将軍継嗣問題において徳川慶喜を推したため、1858（同5）年、井伊直弼により西ノ丸留守居に左遷され、翌年には隠居が命じられ、差控となる。

1863（文久3）年5月に外国奉行並びに勘定奉行として復帰し、前年の1862（同2）年に起こった生麦事件の事後処理にあたるが、病気のため10月に職を辞した。

1866（慶応2）年2月に中風（脳の血管障害）で倒れ、体の自由を失う。1868年鳥羽・伏見の戦いの後、新政府軍が江戸城総攻撃の日と定めた3月15日の朝、体の自由が利かないながらも、武士の作法にのっとって割腹後、ピストルで自殺した。

## 日本の娘（交易）は、まだ大人になっていないのです

ロシアのプチャーチンが長崎に来航して開国通商を迫った際、巧みにかわした川路の言葉。

## 渋沢栄一との関係

### 窮地に陥った川路の孫を栄一の機転で救う

川路聖謨の孫・川路寛堂は、川路が将軍継嗣問題で失脚すると祖父の代わりに家督を継いだ。1866（慶応2）年、中風で寝たきりとなった川路から励ましの言葉を受けてイギリスへ留学するが、1868（同4）年に大政奉還の報を受け、帰国を考えるが渡航費用に窮し、栄一に委細を報告。ちょうど来訪していた清水徳川家第6代目当主・徳川昭武より資金を得るように指示されて帰国した。帰国すると川路と娘が亡くなっており、家財が盗まれ無一文となっていたという。その後は渋沢から留学経験を見込まれ、1871（明治4）年の岩倉使節団に随行。1885（同18）年に月山学舎を設立し教師に転進した。

## エピソード

### 安政の大地震が結びつけた両国の真心

1853（嘉永6）年、アメリカから黒船がやってきた1カ月後、ロシア使節のプチャーチンが長崎に来航。その対応にあたったのが川路聖謨だ。1度目の来航の際は開港通商の時期に明言を与えぬままロシアに帰国させた。しかし翌年11月、伊豆下田にプチャーチンが再び来航した際、安政の大地震に見舞われた。彼らの艦船・ディアナ号も大きな損傷を受けたが、乗組員は下田の地元民を救助。これに感動した川路はディアナ号を修理すべく奔走するが、同船は沈没してしまう。今度は下田の漁民らがディアナ号乗組員を救助、川路は新船の建造に全面協力した。翌年、両国は日露和親条約に調印し、互いの友情を称え合ったという。

伊豆下田にある下田開国博物館には、「ひとつは貴殿に、ひとつは奥方に、ひとつはご子息（孫）に」と、プチャーチンから川路に贈られたガラスのコップが3つ展示されている。

# 三条実美

## 七卿落ちの太宰府幽閉から太政大臣に返り咲いた名門公卿

Sanjo Sanetomi

1837（天保8）年～1891（明治24）年

公卿・政治家

1873年に公卿・三条実万の三男として生まれる。幼名は福麿《よしまろ》。三条家は、公家の家格最上位の五摂家に次ぐ九清華家《せいがけ》の名門だった。教育係で尊王攘夷思想の持ち主だった儒者・富田織部の影響を強く受けて成長する。

1859（安政6）年に朝廷の尊攘派の中心メンバーだった父・三条実万が「安政の大獄」により隠居を余儀なくされると、公武合体派である岩倉具視らを弾劾して排斥するなど、父の意を継いで積極的に活動する。1862（文久2）年には14代将軍・徳川家茂に攘夷督促を伝える勅使として江戸に赴いている。

朝廷に攘夷を働きかけていた長州藩とも結びつき、攘夷実現に努めたが、公武合体論をとる会津・薩摩両藩らによって1863（同3）年8月に実行された「八月十八日の政変」で朝廷への出仕停止、官位剥奪となる。三条を含む攘夷派の公卿7人は、京都を追放され、長州藩に身を寄せることになった。いわゆる「七卿落ち」である。京都を出発した三条は、慣れない徒歩での移動のために足から出血し、用意された駕籠に乗って移動したと言われている。

幕府が「禁門の変」の責任を問うために起こした、1864（元治元）年の第一長州征伐の後には太宰府に移され、三条は1868（慶応3）年の「王政復古の大号令」を同地で迎えることとなる。

王政復古の大号令によって復位した三条は、京都へ入ることを許され、1868（明治元）年にはかつての政敵である岩倉具視と並んで、明治新政府の副総裁に任じられる。

翌1869（同2）年には右大臣、1871（同4）年には太政大臣となる。明治政府の太政官制での最高官となった三条は、1885（同18）年に太政官制が廃止されるまで同職に留まり、太政官制が廃止され、内閣制度新設以後は内大臣を務めた。1889（同22）年には、黒田清隆内閣が倒れた後に2カ月間、総理大臣を兼任している。

1891年2月18日没、享年53。墓は東京都文京区の護国寺にある。

行けや海に火輪を転じ、陸《くが》に汽車をめぐらし、万里馳駆《ちく》、英名を四方に宣揚し、恙《つつが》なき帰朝を祈る。

1871（明治4）年の岩倉使節団の出発前に贈った送別の辞の一節。幕府が締結した通商条約の改正に向けた三条の期待がうかがえる。

## 渋沢栄一との関係

### 大蔵官僚・渋沢の自宅を3度も訪問した太政大臣

渋沢栄一が明治新政府の官僚として大蔵省に出仕していた頃、三条実美は太政大臣を務めていた。当時の明治政府のトップを務める三条だったが、財政に関する知識が乏しく、各省からの予算要求に対して財源を確保せずに了承してしまい、大蔵省としばしば衝突していた。各省から突き上げられた三条は、岩倉使節団に加わって外遊中の大蔵卿・大久保利通の留守を預かる大蔵大輔・井上馨に相談するが、井上は「財源がない」の一点張り。二言目には「無理を言うなら辞職する」と騒ぐ井上をなだめるように頼み込むために、三条は当時井上の補佐をしていた栄一の自宅を3度も訪れたという。

## エピソード

### 政府内の意見が二分し、板挟みで倒れた三条実美

岩倉使節団が欧米各国を訪れている中、鎖国政策をとって日本との国交を拒絶している李氏朝鮮に対して、板垣退助らが出兵論を唱えていた。西郷隆盛は即時出兵に反対し、まず自分が大使として交渉に赴くことを主張する。

一度は西郷の大使派遣の閣議決定がなされたが、帰国した大久保利通ら、岩倉使節団のメンバーがこれに反対。大使として即時派遣を迫る西郷と、内政改革・国力充実を優先すべきとする岩倉、大久保らとの間で板挟みとなった太政大臣の三条実美は、極度のストレスで倒れてしまう。

政務を執り行えない実美に代わり、岩倉具視が太政大臣代行として明治天皇に上奏を行い、結局大使派遣は中止となる。西郷をはじめとした大使派遣論者は、辞表を提出して明治政府を去った。

郷里の鹿児島に戻った西郷たちの動きは、やがて西南戦争につながっていくこととなる。

# 島津斉彬

## 日本の近代化を夢みた時代の先導者

Shimazu Nariakira

1809（文化6）～1858（安政5）年

薩摩藩主

10代薩摩藩主・斉興の長男として、江戸薩摩藩邸で生まれる。曾祖父で8代藩主の重豪《しげひで》の影響を受けて10代から西洋文明に興味を抱き、蘭学者の高野長英らの教えを受け、ドイツ人医師シーボルトとも会見。藩主になる前の世子時代から徳川斉昭、松平慶永、阿部正弘らの諸大名と親交を結び、政治、国際情勢について情報交換を重ねる。

1849（嘉永2）年、異母弟・久光を次期藩主にしようと画策する保守派により斉彬一派が大量粛清される「お由羅騒動」が起きる。このお家騒動後、斉彬は父・斉興を隠居に追い込み、1851（嘉永4）年、43歳の遅さで11代薩摩藩主となる。

1853（嘉永6）年のペリー来航も予告情報を長崎でいち早くつかむなど、常に国際情勢を意識していた斉彬は、藩主就任以来、西洋諸国に対抗するため、藩の近代化政策を強力に推進する。工場群の集成館を拠点に、鉄製砲を鋳造する反射炉、溶鉱炉、蒸気機関製造所などを建設。兵器だけでなく、機械紡績をはじめ、印刷、製薬、ガラス、ガス灯、電信など事業は多岐に渡り、軍事と共に社会基盤整備の重要性を認識していた。造船所も開設し、洋式帆船を建造し、国内初の蒸気船の竣工も試みた。また、西郷隆盛ら下級藩士も抜てきする人材登用を行った。

中央政界では、幕政改革の必要性を訴え、将軍継嗣問題では一橋慶喜の擁立を工作する。また、養女の篤姫を13代将軍・家定の正室として輿入れさせることに成功し、幕府への発言力を強める。しかし、1858（安政5）年、大老に就任した守旧派の井伊直弼と将軍継嗣、日米修好通商条約の対応をめぐって激しく対立。朝廷への勅命の請願も実らず、井伊が強権をふるい、徳川家茂が14代将軍となり、慶喜擁立は失敗に終わる。

井伊による安政の大獄が始まると、斉彬は弾圧に抗議するため、藩兵を率いての上洛を計画。その軍事訓練の最中に病に倒れて急逝する。藩主となってわずか7年余の在職だった。新しい日本を作るという斉彬がまいた種は、西郷、大久保利通ら薩摩藩士に受け継がれ、明治維新で結実する。

## 渋沢栄一との関係

### 栄一の30年前に紡績に目をつけた斉彬

将軍継嗣問題で、斉彬が擁立をもくろんだ徳川慶喜。斉彬が没して数年後に、奇しくも渋沢栄一は一橋家へ出仕。慶喜を主君として仰ぐことになるが、慶喜の15代将軍就任には、火中の栗を拾うことになると、従兄の喜作と共に反対したという。

時代は移り、明治の世で実業家となった栄一は、1882（明治15）年の大阪紡績会社設立に深く関わり、相談役となる。栄一の伝記資料には、西洋式の紡績機械を日本に初めて輸入したのは斉彬で、「紡績事業の淵源は遠く慶応年間に」あったとの記述がある。栄一の紡績会社設立に先立つこと30年近くの、斉彬の卓見ぶりがうかがえる。

## 勇断なき人は事を為すこと能はず

世界に目を向け、日本という国のあり方自体を見つめた斉彬。勇気をもって決断を下す人だけが成し遂げられるという言葉に、その生き様が映し出されているようだ。

## エピソード

### 明治維新の実現は斉彬の人材登用にあった

志半ばで没した斉彬だが、列強の外圧が高まる中、雄藩としての薩摩藩の存在感を高め明治維新への下地を作り、また、集成館事業で産業の近代化を実践して富国強兵の礎を築いた。とりわけ大きな功績の一つに、貧しい下級武士だった西郷隆盛を抜てきするなど、維新を成し遂げる人材を育成したことが挙げられる。

「十人が十人とも好む人材は非常事態に対応できないので登用しない」

現代でも通じるような斉彬が遺した言葉だが、斉彬の跡を継いだ久光と合わず、離島に流刑となりながら復権し、戊辰戦争で新政府軍を率いた西郷隆盛は、斉彬が選ぶ人材の典型ともいえる。

勝海舟は、「薩摩藩に英才の輩出するもの、この侯の薫陶培養の致すところ」と回顧し、松平慶永は「此のご一新の功業の起りは、順正（聖）公即斉彬公を以て第一とす」と、維新の道を切り開いた斉彬の功績をたたえている。

# 高島秋帆

## 軍事の近代化に尽力した西洋砲術の導入者

Takashima Shuhan

１７９８（寛政10）年〜１８６６（慶応2）年

兵学者・砲術家

通称は四郎太夫。長崎町年寄・高島茂起（四郎兵衛）の三男として生まれる。後に父の跡を継ぎ、長崎会所調役頭取となった。大坂最大の私塾である泊園書院（関西大学の前身）を開いた漢学者の藤澤東畡《とうがい》が、長崎留学中に四郎兵衛宅に寄宿したことから、少年時代に東畡から3年間学ぶ。

長崎港の防衛を担当する出島台場受持として父から荻野流砲術を学び、その後、出島でオランダ語や西洋砲術を習得。町年寄の特権でもあった脇荷貿易による資金力を背景に、私費を投じて大砲、小銃、兵学書などを輸入して研究を重ね、高島流砲術を創始する。

１８４０（天保11）年、幕府に上書して、清国が英国に敗北したアヘン戦争の戦況を伝え、西洋砲術の採用、兵制の近代化を進言した。翌年、幕命により出府し、武蔵国徳丸ヶ原（現東京都板橋区高島平）で自身が所持する輸入砲の実射と歩騎兵の演習を披露した。この日本で初めてとなる西洋砲術演習で秋帆の名声は高まり、幕府は高島流砲術を採用。幕臣の江川英龍、下曽根信敦に高島流砲術が伝授され、数多くの門人が秋帆の下に集まった。また、この演習と前後して、薩摩藩、佐賀藩など諸藩が高島流砲術を採用、帰国した秋帆のもとに藩士を派遣する長州藩のような例もあった。

しかし、幕府守旧派からは白眼視され、１８４２（同13）年、幕府町奉行・鳥居耀蔵、長崎奉行・伊沢政義らのでっち上げによって逮捕され、江戸に送られる。再吟味の末に、１８４６（弘化3）年、中追放の判決を受け、武蔵国岡部藩（現埼玉県深谷市）に預けられた。

秋帆が岡部藩で幽閉の身となっている間に、外国船の出没により社会の情勢が大きく変化。捕縛から10年余の月日が経った１８５３（嘉永6）年、ペリー艦隊の来航に伴い、江川英龍の進言により赦免、喜平と名を改める。江川のもとで、大砲造りに従事。また、世の中で攘夷の声が高まる中で、開国・通商を説いた「嘉永上書」を幕府に上申する。１８５５（安政2）年には幕臣となり、講武所砲術師範に任ぜられ、日本の軍事の近代化に力を尽くした。

## 戦期相延候も、御籌画《ちゅうかく》の一と存じ奉り候

戦いの時期を延ばすことも籌画（計略）の一つである。「嘉永上書」で、日本の旧弊な軍備では西欧諸国に太刀打ちできず、開国して交易の利益による富国強兵を説いた。卓見ぶりがうかがえる。

## 渋沢栄一との関係

### 少年時代の渋沢は秋帆のすぐ近くにいた

10年余にわたり、岡部藩で預かりの身となっていた秋帆。栄一の生まれ故郷である血洗島村は岡部藩の領内で、秋帆が幽囚されていた時期は、1840年生まれの栄一の少年時代にあたる。

秋帆が栄一と出会っていたかは定かではないが、存外近くに2人はいたことになる。岡部藩では秋帆は客分扱いで、藩士に兵学を教授したと伝えられ、諸藩も秘密裏に秋帆に接触していたと伝わっている。

なお、秋帆が日本初の西洋砲術の演習を行った徳丸ヶ原には、1922（大正11）年に建てられた記念碑がある。同地の現在の地名・高島平は高島秋帆に由来している。この碑の建設にあたり、栄一は200円を寄付した。

## エピソード

### 徳丸ヶ原の演習では不発弾は一発もなかった!?

秋帆の父は、荻野流砲術の師範。1808（文化5）年、長崎港に英国軍艦が侵入したフェートン号事件が起きており、和式大砲では西欧の軍艦に歯が立たないことを知っていた高島親子が目を向けたのが、西洋砲術だった。

徳丸ヶ原の演習には、総勢約100人が参加。老中首座の水野忠邦、諸大名らが見守る中、モルチール砲やホイッスル砲の操練、ゲベール銃の一斉射撃などが披露され、大砲は一発の不発弾もなかったという。

秋帆が捕らえられたのは、謀反の罪。反蘭学派の鳥居耀蔵の奸計とされるが、黒幕は水野忠邦との説もある。阿部正弘が老中首座になると、謀反は取り消されたが、軽微な罪で中追放となった。

雌伏《しふく》の時を耐え、再び日の目を見た秋帆だが、江戸では長屋住まい。かつて町年寄として10万石大名に匹敵するといわれるほどの財力があった秋帆だが、赦免後の生活はつましかった。

# 武田耕雲斎

## 朝廷に志を訴えようと挙兵した水戸天狗党の首領

Takeda Kounsai

水戸藩士

1803（享和3）年〜1865（元治2）年

名は正生。官職を退いた後、耕雲斎を号した。1803年、跡部正続の子として生まれ、跡部宗家を継ぐ。この時、藩主の許しを得て、甲斐武田氏の末裔として、姓を武田に改めた。

小姓を経て、1829（文政12）年に使番となる。徳川斉昭の藩主擁立に奔走するなど、藩内の改革派として活動する。1840（天保11）年、若年寄として参政。1844（弘化元）年、斉昭が幕府から隠居謹慎を命じられると、これに反対の意を表したため、翌年連座して謹慎を命じられた。1849（嘉永2）年、斉昭の復帰にともない、藩政に返り咲く。1856（安政3）年、執政に任じられ、尊王攘夷派の重鎮として活動するも、同年罷免。

1860（万延元）年、執政に再任。1861（文久元）年、英国公使館襲撃事件などで謹慎、翌年謹慎解除、三たび執政就任と、この間、目まぐるしく状況が変化する。1863（文久3）年、一橋慶喜に随行して上京。1864（元治元）年、伊賀守に任じ、従五位下に叙せられた。同年、藤田小四郎ら天狗党により筑波山挙兵が行われると、領内取り締まり不行き届きを理由に執政を罷免される。また、市川弘美（三左衛門）らの門閥政治に反発し、一族を率いて出府を企てたが失敗。慶喜の名代として藩内鎮撫のため水戸に向かう宍戸藩主・松平頼徳に随行するが、水戸入城を市川らに阻止されたため、那珂湊に陣を敷いて交戦した。天狗党の乱では、当初小四郎らの行動を時期尚早といさめたが、小四郎らに天狗党の首領に推され筑波勢に合流。同党を再編し、在京の慶喜を頼って衷情を訴えるため、約800名の兵を率いて京を目指した。

西上の途中、諸藩と交戦。苦戦を強いられながら行軍を続けたが、力尽きて加賀藩に降伏。1865年、敦賀で小四郎らと共に斬首に処せられた。この時、処刑された天狗党員は実に350名以上とされる。また、乱後、水戸藩では天狗党の家族らもことごとく捕縛された。耕雲斎は、斉昭の影響を受け尊王攘夷思想を掲げてはいたが、もともと武力による過激な攘夷には消極的だったと言われる。

## 渋沢栄一との関係

### 天狗党の党員に同情的だった栄一

武田耕雲斎率いる天狗党が京の慶喜を頼って上京する折、天狗党の中のいくつかの集団が、栄一の故郷・血洗島を通過した。その際、2人の天狗党員が、幕命が下っていた岡部藩の役人に捕縛され、討たれた。天狗党は幕府に対する逆賊だったこともあり、血洗島の村人によって墓碑もなく葬られたが、明治になり天狗党の復権が叶い、2人の名誉を回復するため、栄一は1918(大正7)年に、生家の「中の家」の近くに石碑を建立した。この「水戸烈士弔魂碑」は、栄一の撰・書による。また、碑のとなりにある石地蔵は1860(万延元)年、東の家3代目の渋沢宗助らによって建立。今も深谷市の観光名所として多くの人々が訪れている。

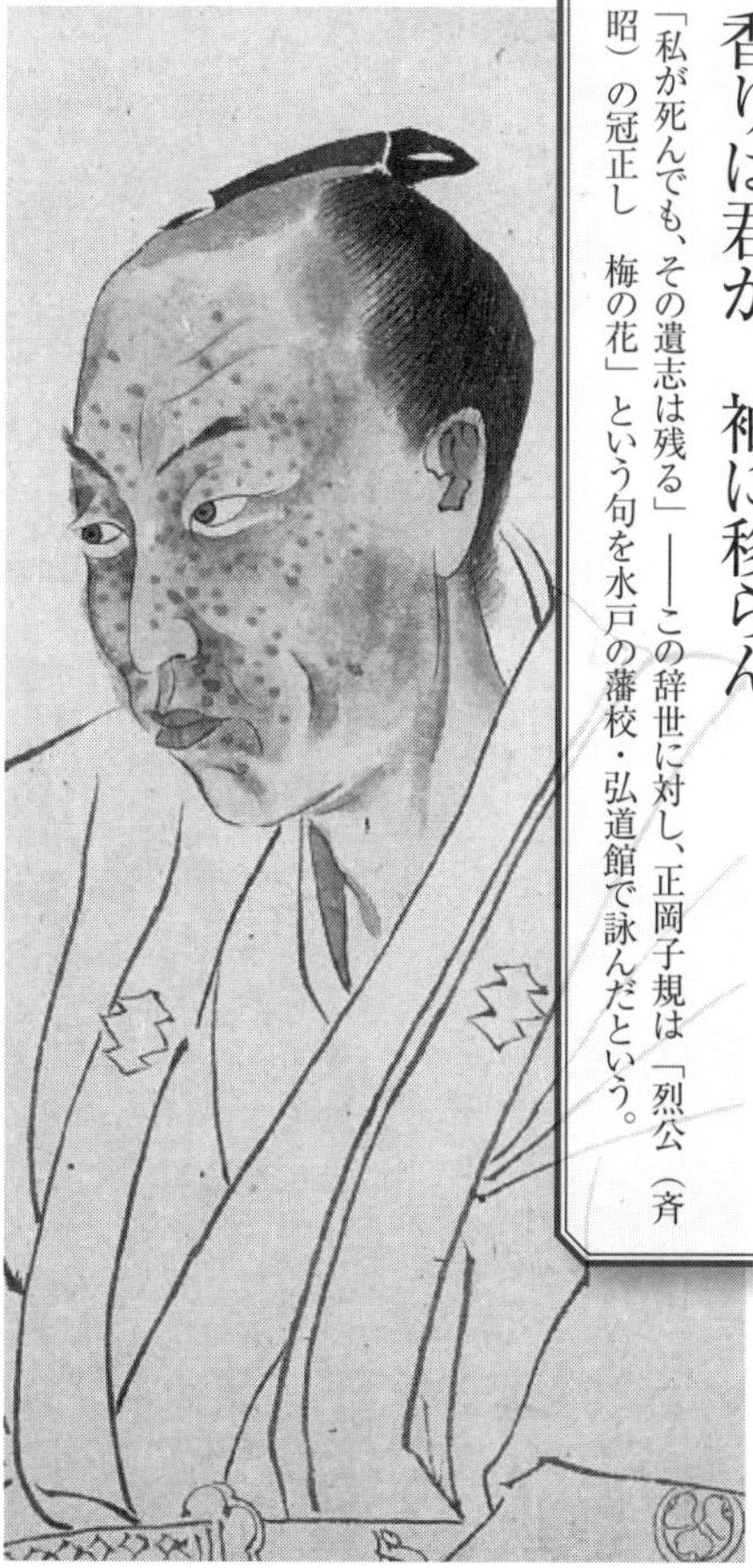

### 咲く梅の 花ははかなく 散るとても 香りは君が 袖に移らん

「私が死んでも、その遺志は残る」——この辞世に対し、正岡子規は「烈公(斉昭)の冠正し 梅の花」という句を水戸の藩校・弘道館で詠んだという。

## エピソード

### 島崎藤村の名作に天狗党の乱の行軍の記述があった

天狗党西上軍の首領として苦難の道を進む耕雲斎。頼みの慶喜が逆に自らへの追討軍を送るに及んで、慶喜に弓を引くわけにはいかないと降伏し、天狗党の最期は悲劇に終わった。

その模様は、明治の文豪・島崎藤村の名作、「木曽路はすべて山の中である」の書き出しで有名な『夜明け前』に、馬籠宿、落合宿を通過し、木曽路をゆく天狗党の一行として詳細に描写されている。

「その人数は、少なくとも900人の余であった。水戸領内の郷校に学んだ子弟が、なんと言ってもその中堅を成す人たちであったのだ」(『夜明け前』より)

とあり、耕雲斎や藤田小四郎の姿も描かれている。また、天狗党が分宿した落合宿にはこの地で斬首された天狗党員のひとり、熊谷三郎の墓碑が建っており、地元の人々の手によって供養が続けられている。

# 徳川慶喜

Tokugawa　Yoshinobu

## 徳川幕府の幕を下ろした最後の将軍

1837（天保8）年～1913（大正2）年

徳川15代将軍

1837年、9代水戸藩主・徳川斉昭の七男として江戸藩邸で生まれたが、生後7カ月には水戸に送られ、厳しい教育を受けて成長する。1847（弘化4）年、一橋家を継いで名を慶喜と改め、1855（安政2）年には一条忠香の養女・延君（美賀君）と結婚。同時期に13代将軍・家定の後継者問題が起こり、徳川慶福を推す大老・井伊直弼と、慶喜を推す斉昭らが対立。慶福が将軍を継ぐと、安政の大獄により登城停止、隠居を命じられる。

1860（万延元）年、斉昭の死去に伴って謹慎を解かれ、2年後に一橋家を再相続、将軍後見職を務めることになる。その後、公武合体を目指して朝廷と幕府の連携のために京都と江戸の間を奔走。禁裏御守衛総督などを任じられ、1864（元治元）年の禁門の変では御所守備軍を指揮し、長州藩を撃退した。水戸藩天狗党の征伐を経て、第二次長州征伐の勅許を得るが、同年、将軍・家茂の死去に伴い、15代将軍の座に就いた。

将軍就任後は、フランス公使レオン・ロッシュの意見を参考に軍備を拡充。老中職を合議制ではなく職務分担制にするなど幕府の改革を進めようとするが、1867（慶応3）年、土佐藩の建言を受け入れる形で大政奉還を決意する。大政奉還後も新政権で徳川家が主導権を握るつもりだったが、朝廷から王政復古の大号令が発布され、領地が没収されることが決まると、薩摩征討を掲げて新政府軍と戦闘を開始する（鳥羽・伏見の戦い）。しかし、戦いは劣勢を極め、慶喜は大坂城から海路、江戸へ。反撃の道を模索するが、朝廷から慶喜追討令が出たことを知ると、後を勝海舟に託して、自ら上野寛永寺大慈院に入り謹慎した。

その後、一度は水戸に戻るが、駿府で謹慎生活を続け、謹慎が解かれた後も30年近くを同地にて過ごした。余生は政治からは距離を置き、カメラや馬術など趣味を楽しんだと言われる。1898（明治31）年には皇居に初参内。明治天皇は「罪滅ぼしができた」と語ったといい、その4年後に貴族院議員となった。1913年11月22日、病没。

## 渋沢栄一との関係

### 渋沢を高く評価した慶喜と慶喜を尊敬し続けた渋沢

慶喜の右腕的存在だった平岡円四郎に見初められて、一橋家に仕官することになった渋沢栄一。栄一の能力を高く評価していた慶喜は、弟・昭武がパリ万国博覧会に派遣され、その後留学する際に、栄一を庶務・会計役として同行させた。パリから帰国した栄一は、慶喜のいる駿府藩の財政建て直しのために商法会所を立ち上げ、旧幕臣たちと各方面に働きかけて、慶喜と明治天皇との対面に尽力した。また栄一は、慶喜の口述記録の会「昔夢会」を実施。慶喜の存命中は内容を世間に公表しないことを条件に、福地源一郎と共に『徳川慶喜公伝』を編纂し、彼の維新前後の行動を後の世に知らしめた。

この世をば　しばしの夢と　聞きたれど
おもへば長き　月日なりけり

人生は短い夢のようなものだと聞いていたが、振り返ってみれば長い年月であった。

## エピソード

### 木戸孝允に英仏の外交官……多くの人を魅了した才人

幼い頃から「名将の器」だと評判だった慶喜。長州の木戸孝允は「慶喜の胆略は決して侮ることはできない。徳川家康の再来を見るようである」と評し、警戒したという。フランス公使として幕府を支援したレオン・ロッシュは「真に君主の風格を備えている」と言い、イギリス領事館通訳のアーネスト・サトウも「これまで見た日本人の中で最も貴族的な容貌を備えた一人」と絶賛した。時代の先を読む力を持ち、大政奉還によって幕府の力を維持しようとした慶喜は、新政権樹立の後には、二院制議会を開き、自身が上院議長を務めることなども想定していたと伝えられている。

そんな慶喜には趣味人としての一面もある。維新後、静岡時代には油絵を描き、写真も趣味にしていた。また、少年時代から武士のたしなみとして修業した弓は晩年まで嗜んだ。旧幕臣などが訪ねても、栄一らごく少数の人以外とはほとんど会わなかったという。

# 橋本左内

Hashimoto Sanai

1834（天保5）年〜1859（安政6）年

福井藩士・思想家

## 藩医から転身、国政にも関与した福井の天才藩士

越前福井藩医・橋本長綱の長男として生まれる。幼い頃から学問に秀で、1848（嘉永元）年、15歳にして自分への啓発のために『啓発録』を執筆するほどだった。

1849（嘉永2）年、蘭学や医学を学ぶために、大坂に出て、緒方洪庵の適塾に入門。洪庵も左内の天才ぶりを認め「池中の蛟竜」と呼んで、評価していたと伝えられている。1852（同5）年、父が病に伏したため帰藩、父の跡を継いで、藩医となった。

1854（安政元）年、さらに学問を深めるために江戸に出て、杉田玄白の孫である杉田成卿らに蘭方医学を学ぶとともに、英語、ドイツ語も独学で習得。また、この時期、政治に目覚め、医学から離れる決意を固める。

1855（安政2）年、藩医職を解かれ、御書院番に登用される。1857（同4）年、藩校 明道館の学監心得に任じられると、教育改革に取り組み、館内に洋書習学所を設けるなど、西洋文化の導入に手腕を発揮。同年、江戸詰めを命じられ、藩主・松平慶永の侍読兼御内用係となり、藩政改革に取り組むとともに、国政にも関わるようになる。

13代将軍・徳川家定の後継問題では、慶永の右腕として、西郷隆盛らとともに一橋慶喜の擁立に奔走。西洋の先進技術の導入や積極的な対外貿易、イギリスなど西洋列強に対抗するためにロシアとの同盟を提唱するなど、「富国強兵」「開国通商」を強く訴え、幕政の改革を目指した。

しかし、南紀派として対立していた井伊直弼が大老に就任したことから、1858（同5）年、安政の大獄により捕らえられ、謹慎となった。その後、奉行所や評定所で執拗な取り調べを受けるが、堂々と論陣を張ったと伝えられている。

翌年、伝馬町牢屋敷で斬首刑に処される。一説には、取り調べでの発言が井伊直弼の反発を招き、当初の処罰案の遠島から死罪になったと言われている。

死の直前に詠んだのは「二十六年夢の如く過ぐ」から始まる句だった。享年26。

## 急流中底の柱、即ち是れ大丈夫《ますらお》の心

急流の中にある柱のように、いかなる時も動じず、流されずに雄々しく立つ姿こそ、立派な男子の心である。

### エピソード

#### 今も受け継がれている左内の啓発本

左内が15歳の時に、自己の規範として自分に宛てて書いた『啓発録』。学問に秀で、幼い頃から神童といわれた左内だったが、自身は自分の弱さやおろかさに悩み苦しみ、そんな自分を啓発するために、この書を書き上げたという。「稚心を去る」「気を振う」「志を立てる」「学に勉める」「交友を択ぶ」の5つの項目からなっており、現在においても通じる教えとして現代語訳が出版され、多くの学生やビジネスマンに人気を博している。

福井県福井市の生家跡に作られた左内公園には、左内の立像とともに、この五訓が刻まれていた『啓発録』の碑が建てられ、多くの人が訪れている。

### エピソード

#### 左内の人間性に一目置き盟友となった西郷隆盛

将軍継嗣問題に際し、ともに一橋派として活動していた西郷隆盛は、博識な左内に一目置き、「私は、先輩においては藤田東湖に従うが、同じくらいの年齢では橋本左内が最も立派な人間だと思う。学問や人物の大きさでは、私はとうていかなわない」と語り、その才能を褒め、同志として、友人として、交流を深めていたという。それだけに、左内が安政の大獄により捕えられ、処刑されたことを知ったときの悲しみは深く、大久保利通らに送った手紙の中には「橋本迄死刑に逢い候儀案外、悲憤千万堪え難き時勢に御座候」と残されている。

1877（明治10）年、西郷は郷里の私学校生に促されて挙兵（西南戦争）、敗れて故郷の鹿児島で自害するが、携帯していた手文庫の中には、将軍継嗣問題で奔走していた頃、左内から西郷に宛てて送られた手紙が収められていたという。

# 藤田東湖

## 多くの尊攘派志士に影響を与えた水戸学の大成者

Fujita Toko

1806(文化3)年〜1855(安政2)年

水戸藩士・思想家・学者

1806年、水戸藩士・藤田幽谷の次男として誕生。幼い頃から父の影響を受けて学問に興味を持ち、父の私塾・青藍舎で儒学を学ぶようになる。1819(文政2)年からは、江戸に出て儒学と武術を学ぶ。1824(同7)年5月に常陸大津浜にイギリスの捕鯨船員が上陸した時には、攘夷のために駆けつけたと言われている。

20歳で家督と父の私塾を継ぎ、彰考館で『大日本史』の編纂を担当。水戸藩主・徳川斉脩《なりのぶ》の後継問題が持ち上がった際には、改革派として斉昭を支援し、斉昭の藩主就任後は郡奉行や江戸詰通事等の要職につく。斉昭の腹心として藩政改革を推進し、武備の充実などが急務であることを訴えた。1835(天保6)年、御用調役、1840(同11)年、側用人に累進。斉昭の指示で『弘道館記』の草案を起草。藩校・弘道館の設立のために尽力する。

1844(弘化元)年には、斉昭に従って出府するが、その後、斉昭が幕府から隠居謹慎処分を受けると、免職処分となり、江戸の藩邸の一室に幽閉された。その間に、『回天詩史』『常陸帯』『和文天祥正気歌』などの草稿を記したほか、「弘道館記述義」を執筆。ここに書かれた尊皇攘夷の思想は、多くの幕末の志士たちに影響を与えた。

斉昭が1849(嘉永2)年に謹慎を解かれて再び藩政に関わるようになると私塾を再開し、1852(同5)年に蟄居処分が正式に解除。翌年、ペリー来航に伴い、海防参与として幕政に復帰した斉昭と共に江戸へ向かう。幕府海岸防禦御用掛として斉昭を補佐した。その後、側用人に復帰。この時期には、横井小楠や橋本左内、佐久間象山、西郷隆盛をはじめとする、他藩の要人とも活発に交流。対外的に危機的状況にある時代だからこそ、「正気=忠君愛国の道義的精神」を発揚し、国家は独立を確保することが肝要だと説いた。

1855(安政2)年10月2日、小石川藩邸で安政の大地震に遭遇。母親を背負って逃げようとしたところ、落ちてきた梁の下敷きになって死去。母は奇跡的に助かり、彼の逸話は親孝行の手本と称えられたという。

## 国難襲来す　国家の大事といえども深慮するに足らず　深慮すべきは　人心の正気の足らざるにあり

国家に大事が起こってもそれ自体は心配することはない
心配するべきは人が心を失っていることだ

## 渋沢栄一との関係

### 水戸学に傾倒した栄一が「先生」と崇拝した存在

東湖と渋沢栄一は直接会ったことはなかったが、若い頃から水戸学に傾倒していた栄一は、『常陸帯』や『回天詩史』を愛読し、多大な影響を受けたという。1922（大正 11）年に東湖の没後 70 年を記念して開催された「東湖先生記念会」では、栄一が会長を担当。開会の辞で東湖への思いや、彼の弟子から渡仏を勧められたことなどを語ったほか、自らの『常陸帯』の写本や水戸家の秘訓の掛け軸などを展示したとされる。また、栄一は天狗党を率いて挙兵し、幕府軍に破れて死罪となった東湖の四男の小四郎とは数回会ったことがあるといい、小四郎を「すこぶる立派な人物」と評し、彼の死を惜しんだ。

## エピソード

### 東湖が開学に向け尽力した日本最大級の藩校「弘道館」

斉昭が推進した藩政改革の一環で建てられた、水戸藩の藩校・弘道館。日本最大級の藩校と言われる同校の建学の精神である『弘道館記』は、斉昭の命を受けた東湖が起草し、複数の学者の意見をまとめたものだ。東湖が蟄居中に書いた『弘道館記述義』は、『弘道館記』の内容を、より詳しく解説したもの。1840（天保11）年に建設を開始した弘道館は、翌年に仮開館。儒学や歴史のほかに、天文や数学などを学ぶことができたほか、千葉周作らが武道の特別講師を務めたと言われている。医学館なども開設されたが、東湖は1855年の本開館を見ず、この世を去った。

日本最大規模の藩校といわれる水戸の弘道館

# 松平容保

Matsudaira Katamori

## 徳川家への忠義を尽くして朝敵とされた悲劇の会津藩主

1835（天保6）年〜1893（明治26）年

会津藩主・京都守護職

会津藩9代藩主。1835年、美濃高須藩主・松平義建の六男として生まれる。1846（弘化3）年に叔父にあたる会津藩8代藩主・松平容敬の養子となり、1852（嘉永5）年に藩主となった。

1860（万延元）年に水戸藩の脱藩浪士らが大老・井伊直弼を殺害する桜田門外の変が起こると、老中の久世広周と安藤信正が水戸藩を問罪《もんざい》するために尾張と紀伊の徳川家に兵を出させようとするが、容保はこれに反対。幕府と水戸藩との間で調停に奔走し、一滴の血を流すことなくこの問題を解決に導いた。

1862（文久2）年に新設されたばかりの京都守護職に就任すると、新選組などを配下に置き、尊王攘夷派の過激志士たちによって悪化した京都の治安維持に尽力する。

公武合体派の容保は、1863（同3）年の八月十八日の政変、1864（元治元）年の禁門の変で長州藩兵を撃退することに成功、京都から尊攘派を一掃する。

1866（慶応2）年に15代将軍に就任した徳川慶喜が1867（同3）年に大政奉還を行うも、岩倉具視ら討幕派による王政復古の大号令が発せられ、1868（同4）年に朝廷方と幕府方の間で武力衝突が発生する。この鳥羽・伏見の戦いで敗北した容保は江戸へ逃れる。

討幕派の働きかけにより下された勅令により、鳥羽・伏見の戦いで幕府方として戦った会津・桑名が朝敵とされ、慶喜に江戸城登城禁止と江戸追放を言い渡された容保は、会津に向かう。

東北諸藩と奥羽越列藩同盟を作って新政府軍と戦うが、各地で敗北。容保は孤立無援の籠城戦の末に、1868（明治元）年9月に降伏し、1月の鳥羽・伏見の戦いから始まった戊辰戦争が集結する。江戸に送られた容保は、永預けの処分を受けて鳥取藩、のちに和歌山藩に幽閉された。

1872（同5）年に蟄居を解かれた容保は、1880（同13）年に日光東照宮の宮司に任じられる。

1893年12月5日、東京小石川の自宅にて永眠。

## 渋沢栄一との関係

### 京都の治安を守る会津藩士と交流が深かった渋沢栄一

渋沢栄一は1864（元治元）年2月から一橋慶喜に仕えているが、慶喜は3月に禁裏御守衛総督に任命されている。

栄一は京都で各藩の志士と交流しており、「殊に当時蛤御門の守衛に当っていた会津藩の名士とは能く交際する機会を得た」と1901（明治34）年の講演で語っている。が、その頃に京都守護職を務めていた会津藩主・松平容保との面識はなかったものと思われ、栄一による松平容保の人物評は残されていない。長州藩が京都から排除され、混迷を極めていた京都の治安を維持する激務に身を投じていた容保の姿を、栄一はどのような目で見ていたのだろうか。

**幾人の　涙は石にそそぐとも**
**その名は世々に　朽じとぞ思ふ**

容保が、会津戦争の悲劇として名高い白虎隊に対して詠んだ句。白虎隊の墓所がある福島県・飯盛山には、この句の歌碑が建てられている。

## エピソード

### 松平容保に認められて誕生した新選組

将軍・徳川家茂の上洛の際の護衛を目的に１８６２（文久２）年に浪士の募集が行われた。この時に集められた浪士組の中に、近藤勇や土方歳三、芹沢鴨らの後の新選組のメンバーもいた。

京都到着後、清河八郎が浪士組を朝廷方の兵力にしようとしていることが発覚し、多くの浪士が江戸へ引き返す中、将軍警護という当初の目的を貫くために近藤らは京都残留を決意。近藤らの志を喜んだ容保は、京都に残った浪士組を京都守護職預かりとした。こうして誕生した壬生浪士組は、後に新選組として１８６４（元治元）年の池田屋事件などで活躍する。

１８６７（慶応３）年に大政奉還が行われると、新選組は容保が率いる旧幕府軍にしたがって戊辰戦争に参加。各地で敗退を重ね、１８６８（慶応４）年には近藤が捕えられ処刑、副長の土方は１８６９（明治２）年に箱館で新政府軍の銃弾に倒れ、新選組は降伏した。

# 山内容堂（豊信）

Yamauchi Yodo
(Toyoshige)

1827（文政10）年～1872（明治5）年

土佐藩主

## 尊王と佐幕の間で揺れた幕末四賢候の一人

1827年、土佐藩10代藩主・山内豊策の五男・豊著と側室の間に生まれる。13代、14代藩主が相次いで急死したため本家の養子となり、22歳で15代藩主の座に就いた。1853（嘉永6）年の黒船来航を機に藩内革新派の吉田東洋を抜擢、海防強化など、藩政改革を積極的に進めた。

また、幕命により参勤交代後も江戸に滞在。四賢候と呼ばれた福井藩主・松平春嶽、薩摩藩主・島津斉彬、宇和島藩主・伊達宗城らとともに幕政に関与していく。将軍の継嗣問題では一橋慶喜の擁立を画策するが、反対勢力の井伊直弼が大老に就任すると、14代将軍は徳川家茂となり一橋派は敗北。1859（安政6）年、幕府より謹慎の命が下り、豊信は実子ではなく本家の鹿次郎（豊範）に家督を譲り、33歳の若さで隠居となる。隠居後「容堂」と号した。ほぼ同時期に、実父と14歳の長男・郁太郎を亡くす不幸に見舞われている。

その間、土佐では吉田東洋が開国貿易、富国強兵を目指し藩政を断行していたが、尊皇攘夷の土佐勤王党が1862（文久2）年、東洋を暗殺してクーデターを起こす。この年に幕府から完全に謹慎を解かれた容堂は翌年、土佐へ帰国。隠居の身ながら藩政に復帰する。尊皇精神に厚い一方で幕府寄りの公武合体を理想とする容堂は、過激な反幕的尊皇攘夷を貫こうとする武市半平太ら勤王党を弾圧、粛清した。

1866（慶応2）年、坂本竜馬ら土佐脱藩志士たちの仲介により薩長同盟が成立すると、時代は倒幕へと加速していく。武力倒幕を危惧した容堂は、徳川政権を存続させる打開策として徳川慶喜に大政奉還を建白。しかし大政奉還後、討幕派が王政復古の大号令を出し、幕府の政治関与を終わらせる。新政府最初の小御所会議で容堂は、徳川家を中心とする列侯会議による政府を要求、岩倉具視と激論を戦わせたが希望は叶わなかった。

維新後は新政府から内国事務総裁などさまざまな役職に任命されたが、もはや大名が政治の第一線で活躍する時代ではなかった。容堂は中央政界から去り、1872年、豪奢な放蕩の果てに脳溢血で逝去した。享年46。

## 一橋の英明、春嶽の誠実、これに我が果断を加えて、天下のことを決すべし

（『徳川慶喜公伝』渋沢栄一著より）

山内容堂は松平春嶽の誠実さを、春嶽は容堂の率直さを認め、互いに信頼し合い切磋琢磨する仲だった。一橋慶喜を将軍の後継に擁立しようと奔走する容堂の気概を感じさせる。

### エピソード

#### 稀代の大物か、はたまたしたい放題の「いごっそう」か

「総べて世間の人物睥睨《へいげい》なされ誰も一文銭に値せずと思召され候御様子」とは、松平春嶽の側近、橋本左内の容堂印象記だ。

容堂が老中首座の阿部正弘に会見した時には、「天下の政治を一身に引き受けられ御心労さぞかしと拝察する。いや、かく申すは表面のこと、実はたくさんの馬鹿大名を相手の事とてお気楽なことかと存ずる。ただ土佐だけは今後少々御厄介になりたい」と傍若無人の口上だったと伝えられているが、容堂の舌鋒鋭さを物語っている。この後、同志となる2人だが、阿部が急死すると容堂は周囲の反対を押し切り、すぐにその愛妾を自身の側妻にして寵愛した。情熱の赴くままに行動する容堂らしい逸話だ。

### エピソード

#### 鯨のごとく飲み続けた酒豪の藩主「鯨海酔侯」

漢詩漢文の素養が高く、風雅を愛する才人の容堂だが、イギリス公使パークスの通訳アーネスト・サトウは容堂の印象を次のように語っている。

「容堂は身の丈高く、すこしあばた顔で歯並びが悪く、早口でしゃべる癖があった。彼は確かに体の具合が悪いようだったが、これは全く大酒のせいだったと思う」

世間から「酔えば勤王、覚めれば佐幕」と揶揄されたように、自他ともに認める酒豪だった。酒量は一日三升、接客中でも酒盃は放さず、外出する際は腰に瓢《ひさご》をくくりつけていたという。

手紙などに使用した名前でも鯨海酔侯、未酔漢、酔侯、朝酒生、狼先生など酒にまつわる名前が多い。

維新後は連日のように両国や柳橋の遊郭で豪遊。芸子に唄わせ、お抱え力士に踊らせ、芸妓を落籍（身請け）、2カ月以上の箱根旅行など徹底した放蕩ぶりで、死後は葬儀代にも困ったという。

# 岩瀬忠震

## 日本を開国に導いた開明的な外交官

Iwase Tadanari

1818（文政元）年～1861（文久元）年

幕臣

1818年、旗本・設楽貞丈の三男として生まれ、岩瀬忠正の養子となる。1843（天保14）年、昌平坂学問所の試験に合格。幕臣の中でも特に優秀と認められ、老中・阿部正弘に登用される。1853（嘉永6）年、徒士頭《かちがしら》、翌年、ペリー再来日の際は目付に任じられ、外交の第一線で活躍した。開明的な思考の持ち主で、1855（安政2）年、来航したロシアのプチャーチンに幕府の全権大使として交渉にあたり、日露和親条約締結に尽力した。

1856（同3）年のアメリカ使節ハリス来日の際は、開港・通商の必要を唱え、下田奉行の井上清直と共に日米修好通商条約の締結に尽力した。条約の勅許を得るため、老中・堀田正睦に従って上洛し、公卿の説得にあたったが勅許は得られず、1858（同5）年、そのまま調印に踏み切った。その後、オランダ、ロシア、イギリス、フランスとも修好通商条約を結んだ（安政の五カ国条約）。

将軍継承問題では、一橋慶喜を推して井伊直弼と対立。安政の大獄で左遷され、1859（同6）年、免職、蟄居を命じられる。晩年は江戸向島で書画の生活を送った。1861年、44歳で病没した。失意のうちの死と伝えられる。

### エピソード

**書画をたしなむ趣味人でもあった幕臣官僚**

忠震は、書画に造詣が深いことでも有名で、設楽原歴史資料館蔵の絵画、『藤に芍薬』などが有名。誰に絵を学んだかは不明だが、その画風から渡辺崋山の弟子、椿椿山から学んだのではないかと言われている。書画の腕前は素人の域を超えていたようだ。

# 榎本武揚

## 蝦夷共和国を夢見て徹底抗戦。外交官としても活躍

Enomoto Takeaki

1836（天保7）年～1908（明治41）年

幕臣・政治家

　1836年、江戸下谷に生まれ、1854（安政元）年より箱館奉行の従者として蝦夷地箱館に赴任。その後、長崎海軍伝習所に入学して機関学などを学ぶ。1862（文久2）年、オランダに留学。5年後に帰国し、幕府から軍艦役に任ぜられる。1868（慶応4）年、阿波沖海戦で薩摩藩海軍を打ち破るが、徳川慶喜は大坂城を離れ江戸へと帰還してしまう。榎本は鳥羽・伏見の戦いに敗れた旧幕府軍負傷兵らと合流し江戸へ帰還。海軍副総裁に任ぜられた榎本は徹底抗戦を唱えるが、慶喜はこれを拒否。江戸城無血開城が決定すると榎本は軍艦8隻を奪取し、途中2隻を失いつつも、仙台で新選組残党や旧幕府軍と合流して箱館へ向かう。

　1869（明治2）年、箱館戦争に敗れた榎本は投降。江戸で投獄されるが、黒田清隆、福沢諭吉らの助命嘆願等により1872（同5）年に恩赦を受けた。その後、北海道開拓使や駐露特命全権公使を務め、逓信省や文部省、外務省、農商務省の各大臣を歴任した。引退後は、メキシコ植民事業を進めるが断念する。1905（同38）年まで海軍中将を務めた。1908年10月26日、腎臓病により死去。享年73。

### エピソード

**小樽の酒宴で日本の未来を語り合った渋沢と榎本**

　北海道開拓使だった榎本は、北海道の炭鉱事業に目を付け、小樽がその積み出し港になると判断して国有地20万坪を購入。その頃、小樽の炭鉱での事業を進めていた渋沢栄一と偶然に会い、酒楼で大いに盛り上がったという記録が残されている。

# 大久保忠寛（一翁）

Okubo Tadahiro
(Ichio)

1818（文化14）年～1888（明治21）年

幕臣・政治家

## 江戸城を無血開城に導き徳川家存続に奔走した忠臣

1818年、旗本・大久保忠尚の子として生まれた大久保忠寛は、11代将軍・徳川家斉の小姓を務め、1842（天保13）年、家督を相続。ペリー来航後の1854（安政元）年に老中・阿部正弘に抜擢され、目付・海防掛を担当、同役の岩瀬忠震らと共に事にあたった。蕃書調所頭取、外国貿易取調掛なども兼任し、1859（同6）年には京都町奉行となった。この頃、幕府では13代将軍・家定の後継をめぐる対立があり、井伊直弼が始めた安政の大獄で、忠寛は一橋派と目され罷免された。

1861（文久元）年、復帰して外国奉行、大目付、御側御用取次などを歴任。大政奉還を見据えて諸侯会議設置の必要性などを意見するが、幕府官僚から反発の声があがり、罷免。1864（元治元）年、勘定奉行に任ぜられたが、それもわずか5日で罷免される。翌年、隠居して一翁と称した。幕府瓦解後の1868（慶応4）年、会計総裁、次いで若年寄に転じ、勝海舟と徳川家救済に奔走した。1872（明治5）年東京府知事就任。東京府知事時代に共有金（幕府からの七分積金）の運用や、一翁が設立した救貧施設・養育院の運営を栄一に託した。1887（同20）年子爵、翌年7月31日没。

### エピソード

#### 勝海舟に道を開いた忠寛の慧眼

幕末・維新にあたっての大久保の功績の一つは勝海舟に出世の道を開いたこと。1854（嘉永7）年、忠寛は幕府に意見書を提出した勝を訪問、その能力を認め、老中・阿部正弘に推挙し登用に導いた。忠寛の慧眼がなければ、後の勝の活躍はなかったかもしれない。

# 大橋訥庵

## 尊王攘夷を説き老中・安藤信正襲撃を画策

Ohashi Totsuan

1816（文化13）年〜1862（文久2）年

儒学者

著名な兵学者・清水赤城の四男として生まれる。信濃飯山藩士・酒井力蔵の養子となり、江戸で佐藤一斎の下、儒学を学んだ。江戸日本橋の豪商で一斎、渡辺崋山と親しい大橋淡雅の婿養子となり、思誠塾を開いて子弟教育に携わる。

1857（安政4）年、尊王思想を説く『闢邪小言《へきじゃしょうげん》』を刊行すると評判を呼び、多くの読者を得た。訥庵は、同書による利益を武器購入に充てたとされる。1860（万延元）年、公武合体のために孝明天皇の妹・和宮と14代将軍・徳川家茂との婚姻が画策されると、訥庵は強固に反対。津和野藩士・椋木八太郎を京に遣わして密奏させたが、計画は失敗に終わった。同年、公武合体を進める老中・安藤信正の襲撃計画が水戸藩士らにより進められた際は、立案・斬奸趣意書の起草に関わったとされる。訥庵は宇都宮藩士・岡田真吾らが一橋慶喜を擁立して挙兵する運動も支援した。この一件で訥庵は、一橋家近習・山本繁三郎に対して真吾らの上書を慶喜に取り次ぐよう依頼したが、計画が露見。安藤信正襲撃の直前に捕らえられ、投獄された。その後、出獄し宇都宮藩の預かりとなるが、47歳で死没。毒殺と伝えられる。

### エピソード

**安政の大獄で刑死した頼三樹三郎を手厚く葬る**

安政の大獄により、江戸伝馬町牢屋敷で橋本左内らとともに儒学者・頼三樹三郎が斬首された。その屍体が刑場に晒されたままになっているのを知った訥庵は、塾生数名を引き連れてその場に赴き、屍を洗い、衣をまとわせ棺に納めた後、回向院墓地に葬った。

# 勝海舟

Katsu Kaishu

幕臣・政治家

1823（文政6）年〜1899（明治32）年

## 広い視野で日本の将来を見据えた俊才

1823年、江戸本所亀沢町に生まれる。幼名・通称は勝麟太郎。幼少期より剣豪の島田虎之助に剣術を学び、直心影流免許皆伝の腕前となった。16歳で家督を継ぎ、蘭学を志す。家は旗本だったが貧しく、蘭日辞書『ヅーフ・ハルマ』を筆写して売るなどして生活費を工面した。

1853（嘉永6）年にペリー提督率いる黒船が来航、幕府により海防意見書が募集された。勝が提出した意見書が老中首座・阿部正弘の目に留まり、蘭書翻訳勤務を命じられる。オランダ語ができたこともあり、長崎海軍伝習所に派遣され、技術、知識とも第一人者となった。

1860（万延元）年、咸臨丸で渡米。帰国後は軍艦奉行並となり、神戸に海軍操練所を設立。欧米列強に対抗するため「日本海軍」設立をめざした。

1866（慶応2）年には徳川慶喜より第二次長州征伐の停戦交渉を任され、会津藩と薩摩藩の調停や長州藩との交渉に尽力。1868（同4）年、鳥羽・伏見の戦いで徳川幕府が敗れると、勝は山岡鉄舟を西郷隆盛のもとに送り、江戸城を無血開城に導く。一線を退いてからも旧幕臣らの救済に奮迅した。1899年、病没。

### エピソード

「勝海舟とは同腹に非ず」
と語った渋沢栄一

勝海舟と渋沢栄一は、互いに幕臣でありながらも徳川慶喜の復権をめぐって正反対の立場だった。栄一が論語をテーマに実体験を語った『実験論語処世談』では、30年間も慶喜に謹慎を強いた勝へ「私は勝伯に対し快く思って居なかったのである」と述べている。

# 和宮親子内親王

## 公武合体のため徳川将軍家に降嫁した皇女

Kazunomiya Chikako Naisinno

1846(弘化3)年～1877(明治10)年
14代将軍・家茂の正室

仁孝天皇の皇女として生まれ、外祖父・橋本実久の下で育てられた。1851(嘉永4)年に有栖川宮熾仁《ありすがわのみやたるひと》親王《しんのう》と婚約、1859(安政6)年に輿入れすることとなった。だが、1858(同5)年、幕府が勅許を待たずに日米修好通商条約に調印したことで幕府と朝廷の関係が悪化。関係修復のため公武合体が画策され、将軍・家茂に皇女・和宮を降嫁する案が浮上した。1860(万延元)年、幕府は正式に和宮降嫁を朝廷に奏請。孝明天皇は拒絶したが、政治的な意義を訴える幕府の再三の要請に折れ、攘夷を条件に応諾した。はじめ固辞していた和宮も、天皇の胸中を察して承諾し、10月に勅許が与えられた。1861(文久元)年、内親王宣下があり、親子の名をもらう。同年10月に京を発った親子は、中山道を通って江戸城に入り、翌年2月に婚儀となった。だが、1866(慶応2)年、家茂が第二次長州征伐の途上、大坂城で逝去。親子は出家して静寛院宮と称した。王政復古が発せられ、1868(慶応4)年、政府軍が東下する中、慶喜に請われた静寛院宮は、徳川家救済の嘆願書を侍女に託して京に上らせるなど尽力した。その後は平穏な日々を過ごすが、湯治のため滞在した箱根で没した。享年32。

### エピソード

**東征する官軍を率いた和宮のかつての婚約者**

王政復古の大号令後に戊辰戦争が起こった際、東征大総督として政府軍の指揮を執ったのは、有栖川宮熾仁親王だった。かつての婚約者が率いる政府軍の江戸進攻を前に、静寛院宮は徳川家と朝廷との和解の仲介役を務め、徳川家の存続と江戸城無血開城に尽力した。

# 黒川嘉兵衛

## 平岡円四郎亡き後、栄一に目をかけた上司

Kurokawa Kahei

1815（文化12）年〜没年不詳

幕臣

1853（嘉永6）年、浦賀奉行組頭となる。翌1854（同7）年、ペリー再来航にあたっては、アダムス艦長らと事務折衝にあたる。同年、下田奉行組頭となり、吉田寅次郎（松陰）の海外渡航未遂事件の際は寅次郎の尋問を行った。その後、1858（安政5）年より始まった安政の大獄で免職、さらに謹慎となった。

1863（文久3）年、一橋家用人見習いに採用され、1864（同4）年、番頭兼用人となり、平岡円四郎らとともに徳川慶喜の政治活動を支えた。渋沢栄一は一橋家で円四郎亡き後、新たな上司として嘉兵衛に仕えた。1866（慶応2）年、嘉兵衛は一橋家を離れるが、1868（同4）年、再び慶喜に仕えた。鳥羽・伏見の戦い後、徳川家の目付に登用され、謹慎する慶喜の助命嘆願のために上洛。晩年は京都に住むが、その後の詳細などは不明。

平岡円四郎が凶刃に倒れ、一橋家の政務を執ることとなった嘉兵衛は、「及ばずながら拙者もここに職を奉ずる以上は、足下からの志も立つように、使えるだけ使って遣るから必ず力を落とさず勉強するがよい」（『雨夜譚《あまよがたり》』）と栄一たちを励ましたという。

**エピソード**

### 嘉兵衛が写る、現存する最古の銀板写真

1854（嘉永7）年、来日したペリーの随行カメラマン、エリファレット・ブラウン・ジュニアが撮影し、現存する銀板写真6点のうち1枚に黒田嘉兵衛の肖像写真があり、この肖像写真を含む5枚は現存最古の銀板写真として国の重要文化財に指定されている。

# 近藤勇

Kondo Isami

1834（天保5）年〜1868（慶応4）年

新選組局長

## 幕末の京都の治安維持に活躍した新選組局長

武蔵国多摩郡上石原村（現東京都調布市）の農家に生まれる。1848（嘉永元）年、江戸牛込の天然理心流剣術道場「試衛館（場）」に入門。近藤周助から剣術を学び、後、養子となる。1863（文久3）年、清河八郎の献策により、上洛する徳川家茂警護のため結成された浪士組に加入。土方歳三、沖田総司、山南敬助らとともに上洛。浪士組はすぐに江戸へ帰ることになるが、これに従わず京都守護職の配下として京都の治安維持活動を行う。その後、働きぶりが認められ新選組の隊名が下賜《かし》された。同年、隊の規律をめぐって対立していた芹沢鴨を粛正。以後、近藤が新選組局長として君臨した。1864（元治元）年の池田屋事件ほか、尊王攘夷派志士の取り締まりで名をあげた。1867（慶応3）年、近藤、土方、沖田ら新選組隊士105人が幕府の召し抱えとなる。鳥羽・伏見の戦い後は江戸に引き揚げ、甲陽鎮撫隊を結成するが、甲府入城に失敗。甲州勝沼の戦いに敗れ、下総流山で官軍に投降、1868年、板橋において斬首された。渋沢栄一とも面識があり、『実験論語処世談』のなかで近藤を「会ってみると存外穏当な人物で（略）よく事理の解る人」と評している。

### エピソード

**オークションに出品された近藤の愛刀**

2020年、近藤の愛刀「虎徹」がネットオークションに出品され話題になった。専門家の間では偽物と評価されたが、鞘に明治時代の政治家・金子堅太郎の筆と思われる文字で、「神奈川宿の中村家当主から手に入れた」旨が書かれており、近藤の刀の可能性も出てきた。

# 佐久間象山

Sakuma Shozan

1811（文化8）年〜1864（元治元）年

松代藩士・思想家

## 幕末の志士に影響を与えた〝異相の天才〟

信州松代藩の下級武士の子として生まれる。1833（天保4）年、江戸に遊学し、儒学を学び朱子学を信奉した。1839（同10）年、再び江戸に出て開塾し、藤田東湖、渡辺崋山らと交友。1842（同13）年、君主・真田幸貫が老中兼任で海防掛に就任すると顧問となり、アヘン戦争における情勢を研究して、後に「海防八策」を幸貫に建白。この時、蘭学修業の必要を痛感し、オランダ語を修得。オランダ語の医学書や兵書から貪欲に知識を吸収していった。1851（嘉永4）年、江戸で再び塾を開き砲術や兵学を教えた。西洋砲術家として名声は知れ渡り、勝海舟、吉田松陰、坂本龍馬ら国事に活躍した逸材が門人として集まった。

ペリー来航に際しては愛弟子の吉田に、暗に海外密航を勧めたが、1854（嘉永7）年、吉田の企ては失敗に終わり、象山も連座して伝馬町の牢屋敷に入獄。さらに松代で約9年間蟄居生活を送った。その後、蟄居を解かれ、1864（元治元）年に幕府からの命を受けて上洛。徳川慶喜らに公武合体論や開国論を進言した。しかし、この言動が、京都に潜伏していた尊攘過激派の浪士の怒りを買い、熊本藩士・河上彦斎らの手にかかって暗殺された。享年54。

### エピソード

**創建80年で銅像も建立された象山神社**

2018年、長野市松代町の象山神社に象山と真田幸貫の銅像が設置された。周囲には門下生の勝、吉田、坂本の他、小林虎三郎、橋本左内の5人の胸像を配置。レリーフには松代蟄居時代に象山を訪ねた高杉晋作、久坂玄瑞、中岡慎太郎があしらわれている。

# 島津久光

Shimazu Hisamitsu

1817（文化14）年〜1887（明治20）年

薩摩藩国父・政治家

## 公武合体運動の中心的存在として活躍

1817年、薩摩藩主・島津斉興の子として生まれる。斉興の後継をめぐり藩内に異母兄の斉彬派との抗争が生じるが、結局は斉彬が継いだ。斉彬亡き後、斉彬の遺命で久光の実子・忠義が藩主となると、養子に出された一門の家から本家にもどり、国父と称されて藩政の実権を握った。朝廷と結ぶことで幕藩体制の立て直しを図る公武合体派を牽引した人物で、1862（文久2）年、兵を率いて上洛し、薩摩藩の尊攘過激派を弾圧（寺田屋事件）した。また、勅使・大原重徳を奉じて江戸に入り、慶喜の将軍後見職就任を後押しするなど、幕政改革にも尽力。が、江戸からの帰途、生麦事件が発生、薩英戦争へと発展した。1863（同3）年、八月十八日の政変では会津と組んで長州藩と尊攘派の公家を朝廷から追放。参与となって公武合体を目指したが、参与会議の解消により失敗。その後、大久保利通、西郷隆盛らを用いて状況の打開を模索したが、次第に公武合体運動は衰退、時代は倒幕へと向かっていった。

維新後は、1873（明治6）年に内閣顧問、翌年、左大臣に任命されたが、新政府の欧化政策に反対、辞職。鹿児島に帰国し、隠退した。1884（同17）年、公爵となる。

### エピソード

#### 西郷隆盛と反目した薩摩藩の“国父”

“国父”となった久光は、小松帯刀、大久保利通ら中下級武士のグループ「精忠組」のメンバーを登用。しかし中心的メンバーだった西郷隆盛とは最後まで反りが合わず、後に西郷の遠島処分を赦免する際、煙管の口に歯型が残るほど悔しさをにじませたという。

# 新門辰五郎

## 慶喜を守って大活躍した幕末の大侠客

Shinmon Tatsugoro

1792（寛政4）年〜1875（明治8）年
※諸説あり

侠客・町火消

武蔵国下谷（現東京都台東区下谷）に職人の子として生まれる。上野輪王寺の寺僧・町田仁右衛門の養子となる。鳶人足から町火消十番組の頭になり、浅草寺の門番として新門警備の任にあたったことから〝新門〟の名で呼ばれるようになった。

1821（文政4）年、柳川藩の大名火消との間で起こった喧嘩で18名を死傷させ勇名をはせたが、このことがもとで人足寄場に送られた。1846（弘化3）年、本郷丸山の大火で、寄場の囚人を采配して消火に貢献したことで赦免される。この出来事は江戸で大評判となり火消の辰五郎として名をあげた。

上野大慈院別当・覚王院義観の仲介により徳川慶喜と知り合い、娘が慶喜の妾となった縁もあり、1864（元治元）年、禁裏《きんり》御守衛《ごしゅえい》総督を命じられた慶喜の上洛に子分200人あまりを引き連れて随行した。大政奉還後、上野寛永寺で謹慎している慶喜の警護にあたったほか、上野戦争の際には寛永寺の防火・鎮火に努めた。以後も慶喜に重用され、慶喜の警護は駿府（現・静岡市）移転まで続いた。1875年、東京で死去。その侠気は、後に多くの戯曲・歌舞伎などとなり上演された。

### エピソード

**慶喜の忘れ物を命がけで取り戻した大親分**

鳥羽・伏見の戦いの後、慶喜が大坂から江戸に逃れた際、辰五郎も一度は撤退。しかしすぐに大坂に取って返し、大坂城に忘れられた徳川家の象徴「金扇の大馬印」を取り戻すと、この馬印をかかげて東海道を下り、江戸まで送り届けたという豪快なエピソードが残る。

# 天璋院篤姫

Tenshoin Atsuhime

1836（天保6）年～1883（明治16）年
徳川13代将軍・家定の正室

## 最後まで〝徳川の女〟をつらぬいた薩摩出身の将軍正室

天璋院篤姫は1836年、外様の雄藩である薩摩72万石、島津家分家の長女として薩摩で誕生。1853（嘉永6）年、第11代薩摩藩主・島津斉彬の養女となった。これは徳川家定への輿入れを前提としたもので、篤姫は江戸の薩摩藩邸に移った。江戸で篤姫輿入れの支度係となったのが西郷隆盛である。1856（安政3）年、篤姫は第13代将軍・徳川家定の正室として江戸城に入る。幕府の基盤が固まって以降、将軍正室は高位の公家または宮家出身が慣例だったが、11代将軍・徳川家斉の正室も島津家出身で、篤姫は二人目の例外。大名家から将軍に嫁いだのは島津家だけで、二人とも婚儀の前に近衛家の養女となった。これは島津家は鎌倉時代以来近衛家との縁があったためだ。しかし、病弱の家定は1858（同5）年に急死。篤姫は出家して天璋院と名乗る。

1868（慶応4）年、鳥羽・伏見の戦いで旧幕府軍が敗れ、新政府軍が江戸に向け進軍すると、天璋院は新政府軍を率いる西郷隆盛に、徳川家存続と慶喜の助命を嘆願。維新後は、徳川宗家を継いだ徳川家達《いえさと》を見守り、1883年11月20日没。家定に嫁いで以来、最後まで薩摩の地を踏むことはなかった。

エピソード

### 将軍家輿入れ行列は規格外の長さ!?

篤姫は輿入れ準備のため、1853（嘉永6）年、江戸の薩摩藩上屋敷に入ったが、1855（安政2）年の安政の大地震で下屋敷に移った。輿入れ当日、現在の渋谷区にあった下屋敷を出発した輿入れの行列は、先頭が江戸城に着いても最後尾はまだ藩邸にいたという。

# 徳川昭武

## 慶喜の代理としてパリ万博に参加

Tokugawa Akitake

水戸藩主

1853（嘉永6）年～1910（明治43）年

1853年、水戸藩9代藩主・徳川斉昭の十八男として生まれる。生母は側室・万里小路睦子。1867（慶応2）年、約20年間当主不在だった清水徳川家に養子入りし、6代当主に。将軍になる身分を与えられると同時に、異母兄・徳川慶喜の代理人として、パリ万国博覧会に参加するため、渋沢栄一をはじめ多数の幕臣を連れて渡仏。万博終了後は、江戸幕府の代表として、ヨーロッパ各地を歴訪。さらに、慶喜の命により、パリにて留学生活を送る。1868（慶応4）年、幕府崩壊の知らせを受け、帰国を決意。1869（明治2）年、水戸藩11代藩主に就任し、版籍奉還により水戸藩知事に。1875（同8）年、陸軍少尉に任官し、陸軍戸山学校の教官に就任。1876（同9）年、フィラデルフィア万国博覧会参加のために渡米。その後、再びフランスに渡り、留学。1880（同13）年、帰国し、水戸徳川家当主として牧場経営や植林事業に注力。1883（同16）年、隠居の身となり、父・斉昭の正室・吉子とともに戸定邸（現千葉県松戸市）に転居。自転車や園芸などの趣味を楽しむと共に、慶喜と写真撮影や狩猟に出かけるなどをして過ごした。

### エピソード

**渋沢栄一とともに
フランスでコーヒーに舌鼓**

パリ万博のために渡仏した昭武は、随行していた渋沢栄一らとともに、パリへ向かう船中で初めてコーヒーを体験。その後、フランス滞在中、シェルブールの海岸などで、栄一とともにコーヒーを愛飲していたことが、『徳川昭武幕末滞欧日記』に残されている。

# 徳川家定

## 自らの後継者問題では、紀州藩主の慶福（家茂）を指名

Tokugawa Iesada

徳川13代将軍

1824（文政7）年〜1858（安政5）年

1824年、12代将軍・徳川家慶の四男として、江戸城西の丸で生まれる。生母は側室・美津（本寿院）。1828（文政11）年、元服し、政之助から家祥に改名。ペリー来航直後の1853（嘉永6）年、時局が混乱する中、父・家慶が急死。3人の兄は他界していたことから、第13代将軍となり、家定と改名する。幼少より病弱だったために、老中・阿部正弘に幕政を一任。1857（安政4）年、阿部の死後は、老中・堀田正睦がその任務にあたる。同年、通商を要求するアメリカ総領事ハリスを江戸城内で引見。実子に恵まれなかったため、この頃から、家定の後継者をめぐって将軍の跡継ぎ問題が激化。一橋慶喜を推す島津斉彬や徳川斉昭ら一橋派と、家定の従弟である紀州藩主・徳川慶福《よしとみ》（のちの家茂）を推す井伊直弼ら南紀派が対立を深めた。家定は慶福を推す南紀派だった。1858（同5）年、井伊直弼が大老に就任すると、諸大名を招集し、慶福を将軍継嗣にすると宣言。慶福の安全のため、一橋派の大名らを処分した。家定が将軍らしい決断をしたのは、この時が最初で最後だったと言われている。同年、条約勅許問題で政局が紛糾する中、病死。

**エピソード**

**奥方は、ドラマ、小説等女性に人気の高い篤姫**

子どもが生まれなかったため、継嗣問題を起こした家定だが、正室は3人迎えた。1人目の鷹司任子と2人目の一条秀子はともに病気で早世。3人目に迎えたのが、大河ドラマの主人公にもなった薩摩藩主・島津斉彬の養女、篤姫。のちの天璋院だった。

# 徳川家茂

Tokugawa Iemochi

## 紀州徳川家に生まれ慶喜と将軍後継を争う

1846（弘化3）年～1866（慶応2）年
徳川14代将軍

1846年、紀州藩11代藩主・徳川斉順の次男として、江戸の紀州藩邸にて生まれる。生母は側室で、紀州藩士・松平六郎右衛門晋の娘・みさ（実成院）。祖父は11代将軍・徳川家斉。幼名は菊千代。父・斉順が誕生前に亡くなったため、父の弟で紀州藩12代藩主・斉彊《なりかつ》の養子となる。1849（嘉永2）年、斉彊が没したため、わずか4歳で藩主に就任。1851（同4）年、元服し、慶福《よしとみ》と改名。一橋慶喜とともに将軍世継ぎ候補となり、1858（安政5）年、慶福を推す井伊直弼が大老に就くと、13歳で将軍に就任、家茂と改名。井伊大老が桜田門外の変で殺害された後、1862（文久2）年、公武合体政策によって、孝明天皇の妹・和宮を正室に迎える。同年、薩摩藩国父の島津久光と勅使・大原重徳の要求を受け、慶喜を将軍後見職、松平慶永を政事総裁職にし、幕政の改革を行う。翌年、公武合体政策の推進を図るため、将軍としては約230年ぶりに上洛。翌1864（元治元）年、再上洛。尊王攘夷派の長州藩が禁門の変により御所を襲撃すると、長州征伐を命令。翌1865（慶応元）年、自らも長州処分のために大坂に赴くが、第二次長州征伐の最中、大坂城で病死。享年21だった。

**エピソード**

### 渋沢栄一が渡仏する前 ナポレオン3世と交流

フランスで生糸の元となる蚕が伝染病により大量死したことを知った家茂は、日本の農家から蚕の卵を集めて1865（元治２／慶応元）年より２回にわたり寄贈。感激したナポレオン３世からアラビア馬26頭が贈られたのは、家茂の死の翌年、栄一渡仏の年だった。

# 徳川斉昭

Tokugawa Nariaki

1800（寛政12）年～1860（万延元）年

水戸藩藩主

## 尊王攘夷派としての立場を貫いた水戸の烈公

15代将軍・徳川慶喜の実父。水戸藩7代藩主・徳川治紀の三男として江戸小石川の水戸藩邸で生まれる。幼少より尊王攘夷思想の後期水戸学を学ぶ。1829（文政12）年、長兄の水戸藩8代藩主・斉脩《なりのぶ》が病死し、9代藩主に。自分を擁立してくれた会沢正志斎や藤田東湖、武田耕雲斎ら改革派を抜擢して人事を刷新。藩の財政改革にあたるとともに、藩士教育のために弘道館を創設、反射炉を建設するなど、海防、民政、教育を重視した藩政改革に尽力した。が、神道重視の政策で、仏教弾圧などが罪に問われ、1844（弘化元）年、謹慎に。1849（嘉永2）年、改革派の支持運動により再び藩政に参与。1853（同6）年、ペリー来航を受け、幕府より海防参与に任命されるが、翌年、日米和親条約が締結されたことに反発し、参与を辞任。この頃、将軍・家定の後継者として実子・慶喜を推す斉昭は、徳川慶福を推す改革派の政敵・井伊直弼と対立。1858（安政5）年、井伊が天皇の許可を得ずに日米修好通商条約を締結したことに激怒し、福井藩主・松平慶永らと共に抗議のために無断で江戸城へ登城し、謹慎処分になる。翌年、安政の大獄により、水戸での永蟄居を命じられる。

### エピソード

**民と共に楽しむために自らが造園構想した偕楽園**

金沢の兼六園、岡山の後楽園と並ぶ日本三名園の１つで梅の名所としても知られる水戸の偕楽園。1842（天保13）年、徳川斉昭自らが造園構想を練り、創設された。名称には「領内の民と偕（とも）に楽しむ場にしたい」という願いが込められている。

# 徳川慶勝

## 将軍後継問題では慶喜を推し井伊と対立

Tokugawa Yoshikatsu

1824（文政7）年〜1883（明治16）年

尾張徳川家14代・17代当主

尾張藩支藩の美濃高須藩主・松平義建《よしたつ》の次男として江戸四谷の高須藩邸に生まれる。生母は水戸藩7代藩主・徳川治紀《はるとし》の娘・規姫。徳川斉昭は母方の叔父、徳川慶喜は従弟。1849（嘉永2）年、尾張徳川家の養子となり、14代藩主に就任。財政再建等の藩政改革に着手し、成果をあげる。鎖国攘夷の立場に立ち、将軍継嗣問題では従弟の一橋慶喜を推したため、大老・井伊直弼と対立。1858（安政5）年、日米修好通商条約の調印に抗議し、徳川斉昭、徳川慶篤、松平慶永らとともに江戸城へ登城。安政の大獄により隠居謹慎を命じられ、江戸戸山別邸に幽閉される。1862（文久2）年、赦免され、将軍・徳川家茂の補佐を任命される。以後、朝幕間の斡旋に尽力。1864（元治元）年、禁門の変を機に征長総督を命じられ、第一次長州征伐に出征。第二次長州征伐には反対し、上洛して御所警衛の任に就く。1867（慶応3）年、大政奉還が行われると、上洛して薩摩藩、土佐藩と共に王政復古政変に参加、新政府の議定に任命される。1871（明治4）年、廃藩置県により名古屋藩知事に就任。1875（同8）年、尾張徳川家の当主を再継承。1880（同13）年、当主を退き隠居。

### エピソード

**殿様しか撮りえない貴重な写真を残す**

1858（安政5）年、隠居謹慎を命じられた慶勝が没頭したのが西洋から渡来した写真術の研究だった。自ら薬品の調合をし、日本で初めて写真館が開業された1861（文久元）年には写真撮影に成功。撮った写真は今も1000点近く残り、貴重な資料となっている。

# 永井尚志

## 旗本から若年寄へと上り詰めた有能な官僚

Nagai Naoyuki

1816（文化13）年～1891（明治24）年

幕臣

1816年、三河奥殿藩主・松平乗《のり》尹《ただ》の次男に生まれ、旗本・永井家の養子となる。1853（嘉永6）年、目付として幕府に登用される。翌年、長崎海軍伝習所総監理として長崎に赴任。1855（安政2）年、オランダから送られた軍艦・観光丸を使用した海軍操練の監督を務める。洋式海軍の情報に詳しく、1858（同5）年、岩瀬忠震らとともに新設された外国奉行に任命され、翌年には初代軍艦奉行に任ぜられるが、同年、徳川慶喜擁立を画策したとして、安政の大獄で罷免される。1862（文久2）年、京都町奉行として復帰、1864（元治元）年、大目付に昇進する。1867（慶応3）年、若年寄。慶喜の側近として大政奉還の実現に尽力した。

鳥羽・伏見の戦いでは、敗北した徳川軍を連れて江戸に帰還。1868（明治元）年、新政府軍に恭順を決めた慶喜によって免職された。同年、榎本武揚の艦隊とともに箱館に渡り、いわゆる蝦夷政権の奉行に就任するが、翌年、五稜郭が陥落し降伏した。1872（同5）年、明治政府に出仕して開拓使御用係、元老院権大書記官などを務めた。旗本最高位の若年寄にまで上り詰めたことからも、その有能さがわかる。

### エピソード

**子孫には、あの高名な作家の名前も**

尚志の養子・永井岩之丞の長女である夏子は、内務官僚で樺太庁長官や福島県知事を務めた平岡定太郎に嫁いだ。その孫が平岡公威、『仮面の告白』『金閣寺』などの作品で知られる作家の三島由紀夫である。尚志は三島の高祖父にあたる。

# 原市之進

Hara Ichinoshin

1830（天保元）年～1867（慶応3）年

水戸藩士・一橋家家臣

## 慶喜の徳川宗家相続、幕政改革に奔走

水戸藩士・原雅言《まさこと》の子として生まれた。幼い頃より俊英として知られ、弘道館館長・茅根伊予之介や従兄である儒学者・藤田東湖の後継者と目された。会沢正志斎、東湖の下で学び、後に昌《しょう》平黌《へいこう》に入る。1853（嘉永6）年、幕府勘定奉行・川路聖謨がロシアの使節・プチャーチンの応接係として長崎に赴く際は志願して従者となった。帰藩後は弘道館訓導に任じられ、かつ「大日本史」を編纂する史館勤めとなる。

1861（文久元）年、水戸藩を脱藩した攘夷派浪士が起こした江戸高輪のイギリス公使館襲撃事件（第一次東禅寺事件）により幕府の水戸藩への圧力が強まると、藩士・野村彝之介《つねのすけ》や儒学者・大橋訥庵らとともに老中・安藤信正襲撃の謀議に加わった。

1862（文久2）年2月、安藤信正襲撃は実行されたが（坂下門外の変）、市之進自身は襲撃には加わっていない。同年末には用人として藩主・一橋慶篤と共に江戸に上り、慶喜の徳川宗家相続、将軍職就任に奔走する。1866（慶応2）年7月には一橋付用人から目付に登用され、慶喜の側近として幕政の改革に取り組んだ。だが、翌年8月に部下の幕臣・鈴木豊次郎らにより京都の寓所を襲撃され、暗殺された。享年38。

### エピソード

**過激な尊王攘夷思想から慶喜に従い開国派へと転身**

尊王攘夷思想により幕末の志士に大きな影響を与えた水戸学。その著名な指導者である会沢正志斎、藤田東湖の薫陶を受けた市之進だったが、慶喜の側近となって以降は攘夷思想を離れ、上洛して兵庫開港に尽力。長州征伐、条約勅許などの工作に当たった。

# 土方歳三

Hijikata Toshizo

1835（天保6）年〜1869（明治2）年

新選組副長

## 「鬼の副長」と維新の志士達から恐れられた指揮官

1835年、武蔵国多摩郡石田村（現東京都日野市）に生まれる。家業の石田散薬の行商をしつつ剣術を学びはじめ、天然理心流剣術道場の試衛館門人である近藤勇と出会い、1859（安政6）年に同流派に入門した。

1863（文久3）年、近藤らと浪士組に応募し上洛。近藤及び芹沢鴨らと将軍の警護をする壬生浪士組を結成、その働きが認められ新選組の隊名を下賜される。新見錦、局長の芹沢を排して近藤局長、土方副長の体制が固まると、新選組は池田屋事件、油小路事件などで実績を上げていく。

1868（慶応4）年、1月3日に勃発した鳥羽・伏見の戦いを皮切りに始まる戊辰戦争で敗走した新選組は、沖田総司や近藤らを失い縮小していく。

榎本武揚率いる旧幕府海軍と合流した土方は蝦夷地へ渡り、榎本や大鳥圭介らと箱館・五稜郭に陣を構えて蝦夷共和国の成立を宣言。土方は陸軍奉行並として数々の戦いを指揮するが、1869（明治2）年5月11日、箱館に上陸した明治政府軍と一本木関門での守備戦の指揮中に銃弾に倒れ落命。享年35。五稜郭は5月17日に陥落。これによって、戊辰戦争は終結した。

### エピソード

#### 謀反犯引き渡し時に渋沢栄一と面会

1866（慶応2）年に一橋慶喜が将軍職を継ぎ、渋沢栄一は陸軍奉行支配調役の任を受ける。京都市中警護職に就いている新選組の隊士・大沢源次郎が薩摩藩士と通じていた罪で捕縛された際に、身柄引き渡し時に、栄一は近藤、土方に面会している。

# 平岡円四郎

Hiraoka Enshiro

## 渋沢栄一を一橋家に導いた徳川慶喜の側近

1822（文政5）年～1864（元治元）年

幕臣・一橋家家臣

旗本の家に生まれる。川路聖謨、藤田東湖らに推挙されて、1853（嘉永6）年、一橋家小姓となり、徳川慶喜に仕えるようになる。

13代家定の将軍継嗣問題では、慶喜の将軍擁立に奔走するも失敗。井伊直弼ら南紀派から危険人物視されて、安政の大獄で小十人組に左遷、その後、甲府勝手小普請を命ぜられる。慶喜の将軍後見職復帰に伴い、再び一橋家に仕官する。慶喜からの信も厚く、上洛にも随行した。1864（元治元）年には、側用人兼番頭、家老並にまで出世して重臣となるが、攘夷派から奸臣とみなされ、同年、水戸藩士に暗殺される。

郷里で倒幕の志を抱いていた渋沢栄一と渋沢喜作が、一橋家に仕官する道を開いた人物として知られる。

高崎城乗っ取り計画がとん挫した栄一と喜作は、江戸で知遇を得た平岡の家来の名目で京へ逃れる。同年、幕吏に目をつけられ京で進退に窮した両人に対して、平岡は「一足飛びの構想では事は成らない、権力のある人に意見を進言するほうが賢明だ」と諭し、一橋家への仕官を勧めた。理想だけでは政治改革は成し得ないことを悟った栄一は、一橋家に仕える決意をしたという。

平岡円四郎と伝えられる写真

### エピソード

**倒幕の志を捨てた栄一
人生の岐路を左右した恩人**

人生の岐路に立った若き渋沢栄一に影響を与えた平岡。栄一は後年、この恩人のことを「実に親切な人物」と評している。また、陸奥宗光を語る際、平岡をよく似ていた人物として挙げ、「相手の意中を云ひ当てる事の名人」「見識張つた処のある人」と回想している。

# 藤田小四郎

Fujita Koshiro

1842（天保13）年～1865（元治2）年

水戸藩士

## 天狗党の乱を起こした水戸尊攘派の中心的存在

1842年、後期水戸学の大成者の一人、藤田東湖の4男に生まれる。兄弟の中でも優秀で、早くから父・東湖の影響を受け、尊王攘夷の思想を持っていたといわれる。12歳の時、安政の大地震で父と死別。藩校・弘道館に入り、原市之進、茅根伊予之介らに師事。1863（文久3）年、藩主・徳川慶篤の上洛に随行する。京都では桂小五郎、久坂玄瑞ら長州の尊攘派志士と交流。公家に周旋活動を行うなど、尊攘派として活動。これらの活動によってさらに尊王攘夷思想を深め、次第に水戸藩における過激派の中心人物となっていく。

同年の八月十八日の政変以降、尊攘派の力が弱まる中で、水戸藩尊攘派の挙兵を桂小五郎などと呼応して謀ったが果たせなかった。1864（元治元）年、幕府の攘夷延期を不服として、同志らと共に筑波山において挙兵。これに郷士、神官、農民ら1000人以上が加わった。この集団を天狗党と呼んだ。途中、武田耕雲斎の軍と合流し、徳川慶喜にその志を訴えるため上洛しようとするが、敦賀において幕府から派遣された諸藩の軍勢に行く手を阻まれ、加賀藩に降伏した。翌年、小四郎、耕雲斎を始め、約350名が斬首された（天狗党の乱）。

**エピソード**

### 「義に殉じた」と栄一を慨嘆させた小四郎の死

栄一が残した『実験論語処世談』の中で、小四郎は天狗党の乱で武田耕雲斎に与して斬首されるような位置にいたわけではないのに、義に殉じたのだとその死を悼み「兼ねてより思い染めにし言の葉を今日大君に告げて嬉しき」という小四郎辞世の句を紹介している。

# 堀田正睦

## 開国をめぐり朝幕の間に立たされた開国派の老中

Hotta Masayoshi

1810（文化7）年～1864（元治元）年

佐倉藩主・老中

初名は正篤《まさひろ》。1825（文政8）年、16歳で佐倉藩の5代藩主となる。農村興隆など藩政改革を進めるが、特に教育に力を注ぎ、藩校の成徳書院を設け、蘭学者の佐藤泰然を招いて蘭医学塾の佐倉順天堂（現順天堂大学）を開かせた。

1829（文政12）年に奏者番に就任して幕政に参加。1841（天保12）年には本丸老中となり天保の改革を支えたが、老中首座の水野忠邦と対立して罷免される。開国派として、ペリー来航の対応策を募った老中首座の阿部正弘に、開国・通商の意見書を出したことで、1855（安政2）年、阿部の推挙で老中首座、翌年には外国御用取扱に就任する。アメリカ総領事に着任したハリスの将軍謁見を実現させ、日米修好通商条約締結へ向けてハリスと草案作成を進める。1858（同5）年、勅許を得るために上京するが、公家の反対に遭い、攘夷論者の孝明天皇から却下される。将軍継嗣では一橋慶喜を要望するとの内勅を与えられ、朝幕の融和を図るため、一橋派に立つ。

だが、新たに大老に就任した井伊直弼が、勅許なしで日米修好通商条約の調印を行い、正睦は老中を罷免され、翌年に隠居した。

**エピソード**

**佐倉は西の長崎と並ぶ東日本の蘭学の拠点に**

蘭癖と称されるほど、正睦は蘭学を積極的に導入。洋式兵制なども取り入れたほか、明治期に洋学者・外交官として活躍した手塚律蔵を蘭学教官として招いている。日本初の近代的な私立病院ともいえる順天堂など、佐倉は西の長崎と並ぶ、蘭学の拠点となった。

# 松平慶永（春嶽）

Matsudaira Yoshinaga (Shungaku)

1828（文政11）年～1890（明治23）年

福井藩主

## 幕末四賢侯の一人。幕政改革を推進した開明派の君主

当初は攘夷派だったが、積極開国論に転じた開明派の藩主として知られる。1828年、徳川御三卿である田安家3代当主・斉匡《なりまさ》の八男として誕生。1838（天保9）年、越前福井藩松平家の養子となり、11歳で16代福井藩主となる。

中根雪江や橋本左内ら賢臣を登用し、自ら率先して藩の財政を立て直すなど改革を推進、名君として家臣の信望を集めた。13代・家定の将軍後継問題では水戸の徳川斉昭、薩摩藩主・島津斉彬、土佐藩主・山内豊信（容堂）、宇和島藩主・伊達宗城らとともに、一橋慶喜擁立に奔走。しかし紀伊藩主・徳川慶福を推す井伊直弼の大老就任により隠居謹慎の処罰を受ける。

1860（安政7）年の桜田門外の変の後、1862（文久2）年、春嶽は謹慎を解かれて政事総裁職に任命され、公武合体派として将軍後見職の一橋慶喜と共に幕政改革にあたる。しかし幕権維持強化を意図する慶喜とは意見が一致しないまま、大政奉還、王政復古の大号令の発布となった。明治維新後の新政府では、内国事務総督、大蔵卿などの要職に就いたが、1870（明治3）年には政務から退いた。1890年没。享年63。

### エピソード

**慶永が元号候補を選定**
**くじ引きで決まった“明治”**

通常、新元号を決定するには、いくつかの候補を検討し、精査、協議の結果選ばれるが、「明治」は違った。慶永がいくつか候補を選び、即位前の睦仁親王（明治天皇）がくじを引いて選んだという。くじ引きで新元号を決めたのはこの時だけ。

# タウンゼント・ハリス

Townsend Harris

## 開国初期の対日外交を担ったアメリカの外交官

1804（文化元）年～1878（明治11）年

初代駐日アメリカ公使

1804年、アメリカニューヨーク州で誕生。独学で学びながら、地方政治に携わり、40代でニューヨーク市教育委員会の要職につき、現在のニューヨーク市立大学の前身となるフリーアカデミーを創設。その後貿易商に転身。1855（安政2）年、初代駐日領事に任命され、1856（同3）年、開港した伊豆下田の玉泉寺に領事館を開設した。ハリスの目的は日米和親条約に続く通商条約の締結で、江戸での交渉を求めるが、幕府は認めなかった。

1857（同4）年、ハリスは和親条約を補完する下田条約を締結。その後、ようやく認められて江戸で13代将軍・家定に謁見。ハリスは英仏の脅威を唱えて幕閣を説得、1858（同5）年、日米修好通商条約締結。ハリスは全権公使となり、江戸の麻布善福寺に公使館を設けた。

外国外交団中の最古参として幕府の信頼は厚かったが、体調を崩して1862（文久2）年帰国。1878年死去。ニューヨークのハリスの墓には〝日本の友〟と刻まれているという。ハリスの来日から約70年後の1927（昭和2）年、下田の玉泉寺にハリスの記念碑が建てられた。除幕式には建立に尽力した87歳の栄一も出席、その功績を讃えた。

### エピソード

**修好通商条約により日本から大量の金が流出**

開港時、日本の通貨とドルの不平等な交換比率を主張し強引に決めさせたハリス。これにより外国人商人が海外の銀貨を小判に交換し、国外で売却して莫大な利益を得られることになった。ハリス自身もこの両替によって私財を増やしたことを日記に記している。

# マシュー・ペリー

## 日本を開国させた米国艦隊の司令官

Matthew Perry

1794（寛政6）年～1858（安政5）年

アメリカ海軍軍人

〝泰平の眠りを覚ます上喜撰《じょうきせん》（＝蒸気船）、たった四杯で夜も寝られず〟と教科書でも紹介されたペリーは、1794年、アメリカ東海岸の港湾都市ニューポートで、クリストファー・ペリーの三男として誕生。父はアメリカ独立戦争にも加わった海軍軍人で、兄オリバーも米英戦争の英雄という海軍一家だった。14歳で士官候補生となったペリーは、海軍工廠長、メキシコ湾艦隊司令官と順調に出世。1852（嘉永5）年、東インド艦隊司令長官に任命された。

ペリーは、1853（同6）年、旗艦サスケハナ号を含む4隻の艦隊で江戸湾の浦賀に来航。数百名の兵と供に久里浜に上陸、大統領から将軍への親書を浦賀奉行に手渡した。日本側は7000人もの武装兵が整列してこれを迎えた。翌1854（同7）年、ペリーは7隻の艦隊で再び来航。下田、箱館の開港と、米国船に対する薪、水、石炭、食料の供給などを定めた「日米和親条約」の締結に成功した。大任を果たしたペリーは間もなく帰国、海軍も退役し、『日本遠征記』を著す。ペリーは海軍工廠時代、イギリスやフランスから遅れていた蒸気軍艦の建造や艦船の近代化に貢献し、アメリカでは「蒸気軍艦の父」と呼ばれている。

### エピソード

**日本開国の功績を忘れず ペリーの墓に詣でた栄一**

1908（明治41）年、アメリカから「太平洋沿岸実業団」が来日し、翌年には栄一を団長とする「渡米実業団」が訪米した。日米貿易摩擦を解消するための相互訪問だったが、滞在中、栄一はニューポートにあるペリーの墓と、ニューヨークのハリスの墓に詣でた。

# アレキサンダー・シャンド

Alexander Shand

1844（天保15）年～
1930（昭和5）年

イギリス人銀行家

## 日本人に銀行業務を教えた親日派

1844年スコットランド生まれ。1864（元治元）年、英国銀行横浜支店の支店長代理として来日。1872（明治5）年、第一国立銀行など4行が設立され、銀行経営の実務導入が課題となった政府がシャンドを登用した。シャンドは大蔵官僚や銀行員たちに銀行実務を伝授。自身で執筆した『銀行簿記精法』は銀行実務の教科書として普及した。

1874（同7）年、第一国立銀行が経営危機に瀕し日本初の会計監査が実施された際、シャンドは厳格かつ緻密に検査に臨んだ。頭取の渋沢栄一は「私には大変利益があったと思う。なるほどああいう覚悟でなければ銀行業者はいけない」と後に述懐している。シャンド死去の報に栄一は丁重な弔辞を送った。

日本初の会計監査が行われた第一国立銀行

# ハリー・パークス

Harry Parkes

1828（文政11）年～
1885（明治18）年

駐日英国公使

## 激動の幕末日本で18年間にわたり活躍

イギリスのウエスト・ミッドランズで誕生。孤児となり、13歳で親戚のいる清へ渡り、外交官への道を歩み始める。1865（慶応元）年、イギリス公使として日本に赴任。英仏蘭の連合艦隊を兵庫沖に進出させ、安政の五カ国条約改正の勅許を得るなど、対日自由貿易を実現させた。また雄藩の薩摩、長州に接近し、新政権樹立に向けた対日政策を強力に推進、維新期の政局に大きな影響を与えた。1868（慶応4）年には、明治天皇に謁見に向かう途上で暴漢に襲われたが無傷で切り抜けている。1883（明治16）年、清国公使となり日本を離れた。清国在任中に57歳で病没。

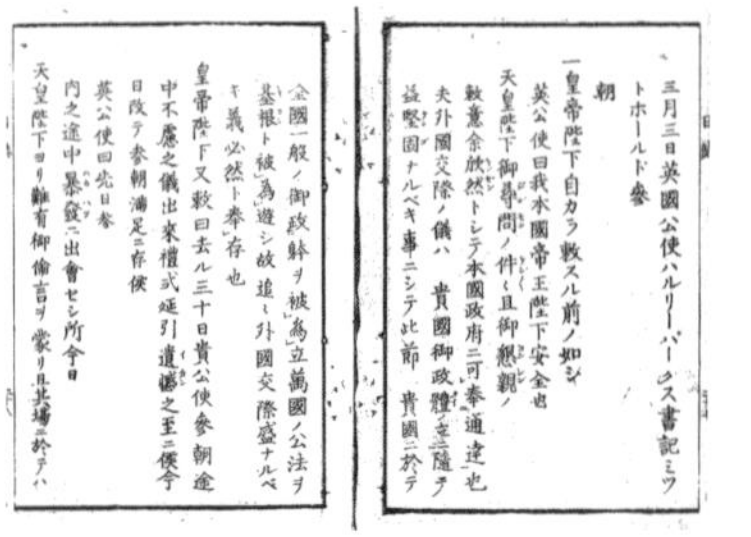

三月三日英國公使ハルリーパークス書記ミツトホールド參
朝
一皇帝陛下自カラ敕スル前ノ如シ
英公使曰我本國帝王陛下安全也
天皇陛下御尋問ノ件々且御懇親ノ
敕意余欣然トシテ本國政府ニ可奉通達也
夫外國交際ノ儀ハ　貴國御政體ノ変ニ隨テ
益堅固ナルベキ事ニシテ此節　貴國ニ於テ
全國一般ノ御政躰ヲ被為立萬國ノ公法ヲ
基根ト被為遊シ故追々外國交際盛ナルベ
キ義必然ト奉存也
皇帝陛下又敕曰去ル三十日貴公使參朝途
中不慮之儀出來禮式延引遺憾之至ニ候今
日改テ參朝滿足ニ存候
英公使曰先日參
内之途中暴發ニ出會セシ所今日
天皇陛下ヨリ難有御倫言ヲ蒙リ且其場ニ於テハ

『太政官日誌 第五』より。パークス襲撃事件後のやりとりが書かれている。

# 天野八郎

Amano Hachiro

1831（天保2）年～1868（明治元）年
幕臣・彰義隊副頭取

## 渋沢成一郎の下、彰義隊副頭取として奮戦

上野国磐戸村の名主・大井田吉五郎忠恕の次男。1861（文久元）年、武士を志して江戸へ上る。鳥羽・伏見の戦いに敗れた旧幕臣の会合に出席したことを機に、渋沢栄一の従兄、渋沢成一郎（喜作）頭取の下で彰義隊の副頭取として活躍。総勢2000人を擁した彰義隊だが、内部対立により渋沢成一郎が脱退、八郎が実権をにぎって新政府軍と向かい合ったが、1868（慶応4）年5月15日に大村益次郎が指揮する新政府軍の一斉攻撃にあい、敗走。その後、逮捕され獄中で死去。

# 一条美賀子

Ichijo Mikako

1835（天保6）年～1894（明治27）年
徳川慶喜正室

## 10年の別居生活を余儀なくされた慶喜の正室

1835年、今出川公久の子として生まれる。徳川慶喜が婚約していた一条忠香の娘が疱瘡に罹患したことで、美賀子がその代役として立てられ、1855（安政2）年、忠香の養女として慶喜と結婚。慶喜との間に女子を授かるが、夭折。その後、慶喜は将軍後見職として上洛。以来、慶喜が将軍職を返上して江戸に戻ったものの謹慎生活を送ったため、別居生活が続いた。1869（明治2）年、慶喜の謹慎が解けた後、美賀子はようやく慶喜のいる静岡で共に暮らすことができた。

# 井上甚三郎

Inoue Jinzaburo

生没年不明

水戸藩士・慶喜傅役《もりやく》

## 文武の教育を任された慶喜の家庭教師

慶喜は誕生の翌年、江戸から水戸に移され、一橋家を相続するまでの約9年間を水戸家で養育された。その間の傅役を徳川斉昭によって命じられたのが井上甚三郎である。斉昭は、慶喜に対し、質実剛健な水戸での厳しいしつけを望んだといわれる。

甚三郎宛の書に「庶子は養子に遣わすこともあるので、文武共にしっかり学ばせよ。柔弱で文武の心得がないと水戸家の恥になる」などと書き記しており、斉昭の信頼が厚かった甚三郎に慶喜の教育を全面的に託した。

徳川水戸邸跡

# 歌橋

Utahashi

生没年不明

大奥女中

## 家定の乳母として大奥最高位となった

江戸幕府13代将軍・徳川家定の乳母。1853（嘉永6）年、徳川家慶の死去を受け家定が将軍になると、歌橋は本丸大奥へ入る。大奥での歌橋の権勢は、家定の実母・本寿院をもしのぐといわれたが、これは家定が歌橋にしか心を開かなかったためとも言われる。歌橋の出自ははっきりしないが、将軍や御台所への謁見も許される身分だったという。35歳の若さで死去した家定の継承問題をめぐっては、本寿院と共に紀州の慶福（後の家茂）を推した中心的存在といわれる。

江戸城大奥跡

# 小栗忠順

Oguri Tadamasa

1827（文政10）年～1868（慶応4）年

幕臣

## 幕府で各奉行を歴任した有能な官吏

1827年、旗本・小栗忠高の子として生まれる。1860（安政7）年、日米修好通商条約批准交換使節として渡米。帰国後は、外国奉行、勘定奉行、軍艦奉行などを歴任し、栗本鋤雲と共にフランス公使・ロッシュの援助を受けながら、紙幣の発行、製鉄所の建設など、幕府の財政や軍制の改革に活躍した。大政奉還に反対し、戊辰戦争では慶喜に抗戦論を勧めたが受け入れられず、知行地の上野国権田村に移る。1868年、新政府軍に捕らえられ、斬首に処せられた。

# 川村恵十郎

Kawamura Ejuro

1836（天保7）年～1898（明治31）年

幕臣

## 慶喜と行動を共にした栄一の上役

1836年、江戸に生まれる。本名・川村正平。恵十郎は通称。1863（文久3）年、朝廷と幕府の折衝に関しての建白書を徳川慶喜に提出。また農民兵の募集にも力を注いだ。同年、一橋家に普請役見習として仕官。渋沢栄一、喜作はこの時、川村の下役として働いた。その後、慶喜の上洛、江戸での謹慎、静岡行きと常に慶喜と行動を共にした。1874（明治7）年、内務省に出仕、台湾出兵の後始末のため、大久保利通に随行して清国を訪問している。1893（同26）年、退官。

# 栗本鋤雲

Kurimoto Joun

1822（文政5）年〜1897（明治30）年

幕臣・新聞記者

## 幕府とフランスの親善に尽力

幕府医官の喜多村槐園の三男に生まれ、栗本家の養子に。幕府の奥詰医師を務めたが、職を解かれて箱館に移住。フランス人宣教師から西洋事情を学ぶ。1862（文久2）年、箱館奉行所組頭。1864（元治元）年、目付となり横浜鎖港交渉、横須賀造船所・製鉄所建設などを担当。以後、勘定奉行、外国奉行などを歴任した。1867（慶応3）年に渡仏した徳川昭武補佐のためフランスに派遣され、幕仏間の親善に尽力。栄一とは渡仏時に接点があった。明治期は新聞記者に転じ健筆をふるった。

# 杉浦讓

Sugiura Yuzuru

1835（天保6）年〜1877（明治10）年

幕臣・官僚

## 栄一と共に昭武の随員としてパリ万博に派遣

1835年、代々、甲府勤番を務める家に生まれる。1862（文久2）年に江戸に派遣され、外国奉行支配書物出役となる。1867（慶応3）年、パリ万国博覧会に派遣される水戸藩主・徳川昭武の随員としてフランスに渡航している。維新後、民部省に入り、1870（明治3）年の前島密外遊中に郵便制度の確立に努めた。

栄一とは、1867年の渡仏以来、親交を結び、共著『航西日記』を出版するなど、公私にわたって交流を続けた。

# 高橋泥舟

Takahashi Deishu

1835（天保6）年～1903（明治36）年

幕臣・槍術家

## 慶喜の護衛にあたった槍術の名人

勝海舟、山岡鉄舟と共に幕末の三舟と称される。旗本・山岡正業の次男に生まれ、母方の高橋家の養子となる。槍術の名人として知られ、講武所師範を務めた。1862（文久2）年、幕府募集の浪士組取扱として同組を率いる。1868（慶応4）年、戊辰戦争勃発時は遊撃隊頭として徳川慶喜を護衛、義弟である山岡鉄舟らと慶喜赦免に奔走。維新後は、徳川家に従い静岡に移住、地方奉行などを務めた。廃藩置県後は出仕せず、東京で隠棲。書画骨董の鑑定などをして余生を送った。

# 伊達宗城

Date Munenari

1818（文政元）年～1892（明治25）年

宇和島藩主

## 全権大使として日清修好条規に調印

1818年、旗本・山口直勝の子として出生。1829（文政12）年に宇和島藩主・伊達宗紀の養子となる。1844（天保15）年に藩主となり、軍制の近代化、殖産興業に努めた。高野長英や村田蔵六を起用するなど藩政改革を進め、幕末の政局で存在感を増した。将軍継承問題では一橋慶喜を推したため、安政の大獄で隠居。維新後は民部卿、大蔵卿などを歴任。1871（明治4）年、全権大使として清国に赴き、日清修好条規に調印した。1892年、死去。

# 田沼意尊

Tanuma Okitaka

## 天狗党討伐を陣頭指揮した田沼意次の曾孫《ひまご》

1819（文政2）年～1870（明治2）年
※諸説あり
相良藩主・若年寄

江戸時代末期の大名。幕府老中・田沼意次の曾孫。1818年、遠江相良藩主・田沼意留《たぬまおきとめ》の子として生まれる。1861（文久元）年に若年寄となり、1864（元治元）年3月、水戸藩の尊王攘夷派を中心とした天狗党の乱が起こった際には、幕府の命を受けて討伐のため出陣。降伏した首領・武田耕雲斎ら天狗党員を極刑に処した。1868（慶応4）年には、幕府軍の一員として、鳥羽・伏見の戦いに参戦。この頃、尾張藩の使者らは、遠江・駿府の諸藩に、新政府への恭順を示すよう求めており、この情勢を受け、意尊も帰国を急ぎ勤王証書を提出。同年、徳川家の駿府、遠江転封に伴い、上総国小久保に転封、翌年死去。

鳥羽・伏見の戦跡

# 貞芳院吉子

Teihoin Yoshiko

## 一橋家へ降嫁し、慶喜を生む

1804（文化元）年～1893（明治26）年
徳川斉昭正室

1804年、有栖川宮織仁《おりひと》親王の王女として生まれる。1830（天保元）年、27歳で水戸藩主・徳川斉昭との婚約がまとまり、京都から江戸へ降嫁した。斉昭は結婚後も多くの側室を持ち、30人以上の子を設けたが、吉子との仲は生涯よかったという。1837（同8）年、吉子は七郎麻呂（後の徳川慶喜）を生む。

歌や書にも造詣が深く、著作に家集『好文詠藻』がある。斉昭の死後は、貞芳院と称した。長寿をまっとうし、1893年、死去した。

# 徳信院直子

Tokushinin Tsuneko

徳川慶壽の正室・慶喜の義祖母

1830（文政13）年〜1893（明治26）年

## 18歳で慶喜の義理の祖母となった王女

1830年、伏見宮貞敬親王の王女として誕生。1839（天保10）年、一橋家当主・徳川慶壽《よしひさ》と婚約、翌々年に江戸へ降嫁。1847（弘化4）年、慶壽の病没にともない徳信院の院号を称した。同年徳川斉昭の七男・七郎麻呂が一橋家の養子となり、慶喜と名を改めると、直子は慶喜の義理の祖母となったが、この時、直子18歳、慶喜11歳であった。1866（慶応2）年、14代将軍・家茂が亡くなり慶喜が徳川宗家を継ぐと、直子が一時的に一橋家当主の役割を果たした。

# 中根長十郎

Nakane Chojuro

一橋家用人

1794（寛政6）年〜1863（文久3）年

## 一橋慶喜に重用された側用人

1838（天保9）年より一橋家に仕え、1847（弘化4）年に徳川慶喜が一橋家を継いでからは、番頭兼用人を経て慶喜の側用人として、平岡円四郎らと共に重用された。

1863（文久3）年、将軍後見職として慶喜の上京準備中、尊攘派に江戸・雉子橋門外で殺害された。当時、慶喜は攘夷派と見られていたが、攘夷が進まないのは円四郎や長十郎らの進言によるものと思われていたためだ。犯人は判明していないが水戸藩浪士という説もある。

今も残る雉子橋の門外で中根は暗殺された

# 塙忠宝

Hanawa Tadatomi

1808（文化4）年〜1863（文久2）年

国学者

## 誤解から尊王志士の怒りを買った国学者

1808年、国学者・塙保己一の四男として江戸で生まれる。1822（文政5）年、父の跡を継いで和学講談所御用掛となる。「史料」「武家名目抄」「続群書類従」などの編纂に注力した。

1862（文久2）年、老中・安藤信正の依頼を受け、寛永年間以前の幕府による外国人の待遇の式典例を調べたことが、廃帝の事例を調べているとの誤解を招き、尊王志士の怒りを買った。同年、中坊広伴邸で開かれた歌会の帰路、伊藤俊輔（博文）らに襲撃され死亡したという説がある。

塙が編纂に注力した『武家名目抄』

# 松平忠固

Matsudaira Tadakata

1812（文化9）年〜1859（安政6）年

上田藩主・老中

## 開国をめぐって徳川斉昭と激しく対立

1812年、播磨国姫路藩主・酒井忠実の次男として江戸に生まれ、1829（文政12）年、上田藩5代藩主・松平忠学の養子となる。1830（同13）年、家督を継ぐ。

1848（嘉永元）年、老中に就任。就任時は松平忠優《ただます》と名乗ったが、後に忠固に改名している。終始一貫して開国を説き、幕府の開国論を牽引した中心的人物だった。ペリーからの開国要求の際は、攘夷論を唱える斉昭と激しく対立した。それが斉昭の反発を招き罷免される。斉昭が幕政参与を退くと、直ちに老中に復帰し、日米修好通商条約調印への道筋をつけたが、朝廷との協調を求めた大老・井伊直弼に疎まれて老中を罷免された。1859（安政6）年に急死。享年48。今後の我が国は交易によって隆盛を図るべきと遺訓を残した。

忠固が藩主を務めた上田藩の上田城

# 向山黄村

Mukoyama Koson

1826（文政9）年～1897（明治30）年

幕閣・漢詩人

## フランス公使として徳川昭武の渡仏に随行

1826年、江戸本所で旗本・一色真浄の三男として生まれ、向山源太夫の養子となる。昌平黌で学んだ後、教授方出役に。箱館奉行支配組頭、外国奉行支配組頭などを経て、目付となる。1866（慶応2）年、外国奉行に任じられ、翌年、駐フランス公使に任命され、パリ万国博覧会に出席する徳川昭武に従って渡仏。維新後は静岡学問所頭取。廃藩後に上京するが官職にはつかず詩作の世界に生きた。渋沢栄一はフランスへ渡る船中で、向山や田辺太一らと詩を作り優劣を競ったという。

# 山岡鉄舟

Yamaoka Tesshu

1836（天保7）年～1888（明治21）年

幕臣・剣術家

## 江戸城無血開城のもう一人の立役者

飛騨郡代・小野朝右衛門高福の子、山岡静山の妹と結婚し、山岡家を継ぐ。千葉周作の門下に学び、幕府講武所で剣術指南役となる。1863（文久3）年、幕府の浪士募集に際し取締役を勤め、1868（慶応4）年には精鋭隊歩兵頭格となる。戊辰戦争では東下を続ける東征軍に対し、駿府で西郷隆盛と会見、勝海舟らと共に江戸城無血開城への道を開いた。維新後は静岡藩権大参事、伊万里県権令などを歴任後、明治天皇の側近となる。1888年、53歳で病没。一刀正伝無刀流創始者。

# 頼三樹三郎

Rai Mikisaburo

## 安政の大獄で死罪となった尊攘派志士

1825（文政8）年〜1859（安政6）年

儒学者・志士

儒学者・頼山陽の三男として京都三本木で生まれる。大坂に出て、後藤松陰、篠崎小竹に儒学を学ぶ。1843（天保14）年に江戸に遊学し、昌平黌《しょうへいこう》に入門。1846（弘化3）年、東北漫遊の旅に出る。1849（嘉永2）年に京都へ戻り、「真塾」の看板を掲げ子弟の教育にあたった。梁川星巌、梅田雲浜らと交わり、ペリー来航を機に、尊王攘夷運動にはしる。将軍継承問題では一橋派として活動し、安政の大獄で捕えられ、1859年、処刑される。まだ35歳の若さだった。

## パリ万博随行で栄一が学んだこと

1867（慶応3）年、栄一はパリ万国博覧会に参列する将軍・徳川慶喜の弟・徳川昭武に随行してフランスへ渡った。栄一のフランス滞在は約1年半。自身に任された役割を果たしつつ、さまざまなことを学んで帰っている。

その中で最も印象に残ったことの一つとして挙げているのが「官」と「民」の立場が日本と全く違うこと。昭武の世話役を務めていた銀行家のフリューリ・エラールと軍人のレオポルド・ヴィレットとのやり取りを聞き、日本で言えば商人のエラールと武士であるヴィレットが対等な立場で話していることに感銘を受けている。後に栄一が事業を行うにあたって「官尊民卑の打破」を掲げたのには、この時の体験が影響しているといえよう。

また栄一は、フランスで実際に公債を購入するという貴重な体験もしている。昭武の留学費用を捻出するためフランス政府公債と鉄道社債を購入したのだ。こうして西洋における合本主義（資本主義）のシステムの一端を実地で学んだことは、後に実業家として活躍する栄一の基本となっていったことは間違いない。初めての洋行は栄一に計り知れない恩恵をもたらしたといえるだろう。

（参考資料：渋沢史料館「渋沢栄一パリ万国博覧会へ行く」）

# 渋沢栄一語録

## 社会編

日本実業界の父が、生涯を通じて貫いた経営哲学とは何か。
渋沢栄一の金言は、未来を生きる知恵に満ちている。

公益となるべきほどの
私利でなければ
真の私利と言われない。
(『渋沢栄一訓言集』より)

資本主義において、自社の利益を優先するのが当然のように考えられているが、栄一は違った。自らの実業哲学の中核には常に公益があり、それは日本だけではなくアジア全体の公益までも視野に入れたものだった。

新しき時代には
新しき人物を養成して
新しき事物を処理せねばならない。
(『渋沢栄一訓言集』より)

自著『立志の作法』(国書刊行会)において、「時代の気運の変化が(中略)人の心を自然に時代に伴うように変化させる」と論じている。栄一は、若者の気質から時代の変化を感じ取っていた。

弱者を救うのは必然のことであるが、
更に政治上より論じても、
なるべく直接的保護を避けて
防貧の方法を講じたい。
(『論語と算盤』より)

近代化が進むと社会に貧富の差が生じ、これは放置できない。栄一は、富を得た者は貧しい者を憐れみ、強い者は弱い者を助け、精神を一つにして進めば、理想的な世界が実現できると説いた。

国家は軍艦と
鉄砲ばかりでは強くならぬ。
(『渋沢栄一訓言集』より)

1870(明治3)年に大蔵少丞に任命された栄一。大久保利通は軍事費の増加を要請したが、栄一は軍事で国家は富まないと持論を主張。大久保と対立し、3年後に辞職した。

戦争は洪水や噴火と異なって、
人心より発生するものである。
(『渋沢栄一訓言集』より)

栄一は、戦争をすることにより国家が富むという考え方を、経済に対する無知と批判した。「社会道徳こそが商工業の利益となり、国家を富ませる」という独自の道徳と経済の平和論を説いた。

富には限りがあるから、
有限をもって無限を救う事は出来ない。
しかし、すべての人に幸福を与えたいのは、
吾人《ごじん》*の本願で、これ実に
人類の道心である。
(『渋沢栄一訓言集』より)

栄一は事業経営の傍ら慈善活動に従事し、多額の寄附を行っていた。寄附もビジネスと同様、広く出資者を募る合本主義を説き、多くの人々の参加を理想とした。

*一人称の人代名詞。わたくしの意

パリ万国博使節団に随行した際の洋装の栄一。フランスへ渡る船の中での食事や各種サービス、また病人がでると船医が親切に手当てしてくれたことなどに、いちいち感動し、「人生を養う厚き、感ずるに堪えたり」と日記に書いている。

# 新政府役人時代

29〜33歳

欧州から帰国し、静岡藩で働いていた栄一は、新政府の大隈重信から説得されて、大蔵省の官吏となる。栄一は新政府のさまざまな政策立案に関与し、井上馨とともに国立銀行条例発布を実現するが、大久保利通らと意見が合わず退官する。

# 伊藤博文

Ito Hirobumi

## 幕末から明治にかけて日本の礎を築いた日本初の首相

1841(天保12)年~1909(明治42)年

長州藩士・初代内閣総理大臣

周防国の農民・林十蔵の長男として生まれる。父が萩藩の中間(武家奉公人)の養子となり下級武士の身分となった。吉田松陰の松下村塾に学び、尊王攘夷運動に身を投じる。1862(文久2)年には高杉晋作、久坂玄瑞、井上馨らと英国公使館焼き討ちに参加。翌年、井上らと長州五傑の一人として英国に留学する。この渡航を機に攘夷派から開国派に転じる。帰国後の1864(元治元)年、下関砲撃の四カ国連合艦隊との和議の交渉にあたる。その後、長州藩内の内紛による高杉晋作の挙兵(功山寺挙兵)に参陣した。

明治維新後は、新政府で大蔵少輔、租税頭、工部大輔《こうぶたいふ》などの要職を歴任。1871~73(明治4~6)年には、岩倉使節団の全権副使として欧米を視察する。帰朝後は、参議兼工部卿となり、大久保利通の下で殖産興業政策を推進していった。

1878(明治11)年に大久保が暗殺されると、参議兼内務卿となり、1881年の「明治十四年の政変」で大隈重信を追放して、政府の実権を握る。翌年、憲法調査のため渡欧して、プロイセン憲法学説を学ぶ。帰国後、宮中改革、近代的内閣制度樹立を進め、1885年(同18)年12月、内閣制度を創設し、初代総理大臣に就任する。また、憲法立案の中心となり、枢密院議長に転じて草案審議にあたり、1889(同22)年、アジア初の憲法「大日本帝国憲法」が発布され、翌年には帝国議会が開かれる。

日清戦争では全権大使として、1895(同28)年に講和条約の下関条約に調印する。日清戦争後、政府と政党との対立に頭を痛めていた伊藤は、衆議員の多数党であった自由党と提携。1900(同33)年には自ら立憲政友会を組織し、総裁に就任。政党政治への道を開いた。首相として計4度にわたる組閣、同じく4度にわたる枢密院議長、そして貴族院議長も務め、立憲政治の確立に大きな功績を残した。

日露戦争後の1905(同38)年、韓国統監府が置かれると、初代統監に就任。統監辞任後の1909年、満州のハルビン駅頭で民族運動家・安重根に暗殺された。

# いやしくも天下に一事一物を成し遂げようとすれば、命懸けのことは始終ある。依頼心を起こしてはならぬ。自力でやれ。

留学する次男へ贈った言葉。明治の元勲らしさがあふれる激励だ。

## 渋沢栄一との関係

### 船出したての新政府で上司と部下の立場に

伊藤博文と渋沢栄一の初めての出会いは、パリから帰国した栄一が新政府に出仕した1869（明治2）年。栄一が民部省租税正で働き出したときの大蔵・民部大輔が大隈重信、少輔が伊藤博文で、栄一は伊藤の部下になった。以来40年間、上司と部下として、政治家と民間の経済人として立場を変えながら、伊藤の死まで2人の関係は続く。

栄一は伊藤に政党を組織することを勧めていたが、立憲政友会への入党を請われると断って、伊藤は立腹したという。伊藤のことを栄一は、「頗《すこぶ》る議論好き」であったが、「議論上の争いは、皆国事に関し公の事に関したもののみ」だったと回想している。

## エピソード

### 長州の志士の中では目立たない存在だった

才気あふれる人材が揃った松下村塾にあって、伊藤は目立たない存在だった。吉田松陰は伊藤を「才劣り学幼きも、質直にして華なし」といささか手厳しく評した。その伊藤が長州の志士の中では早世することもなく、地道に実績を重ね、内閣創設、憲法制定、議会開設と明治日本の骨格を作り上げる。

大隈重信や陸奥宗光らかつての政敵とも手を結ぶような変わり身の早さも指摘されるが、幕末から明治の人物の中で最も立身出世を遂げたのは、その粘り強さにも理由があった。井上毅らと起草した「大日本帝国憲法」は、プロイセンの立憲君主制を範に、何度も修正が重ねられた。

派手な女性遊びで悪評も高いが、明治の政治家にありがちな金銭的スキャンダルとは無縁だったことも政治生命を延ばしたといえそうだ。伊藤は松陰の攘夷論を批判しているが、世界情勢を知り、現実社会を動かす目には、昔の師の教えが理念先行と映ったようだ。

# 井上馨

## 長州五傑から明治の三元老として政財界発展に貢献

Inoue Kaoru

1836（天保6）年～1915（大正4）年
長州藩士・政治家・実業家

長州藩士・井上光亨の次男として生まれ、1851（嘉永4）年、藩校明倫館に入る。1855（安政2）年、同藩士・志《し》道《じ》慎平《しんぺい》の養子となり、参勤交代に随伴。江戸にて蘭学や砲術を学ぶ。1860（万延元）年、小姓となり、藩主・毛利敬親から聞多の名を下賜される。同年、萩に戻り洋式銃陣の修練に取り組む。次第に尊王攘夷思想に傾倒し、1862（文久2）年、高杉晋作、伊藤博文らと英国公使館の焼き討ちに参加。1863（同3）年、江戸勤めとなり、井上姓に戻る。同年、伊藤博文らと密かに渡英。見聞を広め、尊王倒幕・開国派に転じた。

1864（元治元）年6月、長州藩が下関で外国艦隊と交戦したとの報を受けると急遽帰国し、藩と英国公使との調停に当たる。だが同年9月、討幕に備え武備恭順*を主張していたため、藩政を握る恭順派の俗論党藩士に襲撃され瀕死の重傷を負う。

1865（慶応元）年、負傷から回復後、藩政改革のため高杉晋作らが立ち上げた奇兵隊に鴻城《こうじょう》隊の隊長として参加し、恭順派を打倒。長崎に赴き、倒幕を目指す薩長連合のために武器、外国船の調達に携わった。

1867（同3）年、王政復古後、新政府から参与兼外国事務掛を任じられ、九州鎮撫総督の参謀に。1869（明治2）年に大蔵省に移り造幣頭に。民部大丞兼大蔵大丞として造幣事業に携わった。その後、民部大輔、大蔵大輔を歴任し、中央政府の財政基盤確立、銀行や会社創設に尽力。1873（同6年）に尾去沢《おさりざわ》銅山汚職事件を追及され辞職。翌年、先収会社（三井物産の前身）を設立。1875（同8）年、元老院設立に際して議官に就任、同時に特命副全権弁理大臣として朝鮮に渡り日朝修好条規を締結。再び欧米に渡り、1878（同11）年に帰国、参議兼工部卿、外務卿を務め、以後8年にわたって条約改正や対朝鮮・中国など主に外交関連の施策に取り組む。1885（同18）年に内閣が発足すると外務、農商務、内務、総理臨時代理、大蔵大臣を歴任。1907（同40）年には侯爵の爵位を授かる。退任してからは実業界の発展に貢献。79歳で静岡県の別邸にて病没。

＊命令に謹んで従う態度をとること

## 「今回欧州の大禍乱は、日本国運の発展に対する大正新時代の天佑にして……」

静岡の別邸ですでに病床にあった井上馨は、第一次大戦を経済発展の好機と捉え、大隈重信や山県有朋に宛てて参戦を促す考えを書き送った。

## 渋沢栄一との関係

### 大蔵省で井上を支えた栄一
### 井上の辞職が実業界進出の転機に

井上馨が造幣頭・民部大丞兼大蔵大丞となった1869（明治2）年、欧米視察から帰国した渋沢栄一もまた、新政府に登用され大蔵省に出仕した。1872（明治5年）には井上が大蔵大輔の任にあった時、栄一が民部大蔵両省仕官として貨幣鋳造材料の調達に奔走するなど共に財政施策に携わった。井上が尾去沢銅山汚職事件で辞職すると、栄一もまた大蔵省を辞し、実業界に転身する。この頃、井上と共に先収会社を設立した益田孝も、井上に見出されて同時期に大蔵省に在籍し、栄一の知遇を得たひとり。井上の政界復帰後、三井物産を創立してから栄一と益田との親交は一層緊密なものとなった。

## エピソード

### 襲撃で瀕死の重傷を負い
### 母の介抱で一命を取り留める

外国船砲撃事件を受けてイギリスから帰国した井上馨は、第一次長州征伐を巡り藩内の俗論党と対立。襲撃されて重傷を負ったが、このとき懐に入れていた、祇園の芸妓・中西君尾からもらった鏡が急所を守ったという逸話が残っている。本人は傷の重さに死を覚悟し、兄・光遠に介錯を頼んだが、母が身を挺してこれを制し、井上を抱きかかえて兄に介錯を思いとどまらせた。適塾出身で医師の所郁太郎は、焼酎で傷を消毒し、小さな畳針で50針にもおよぶ縫合をして一命を取り留めたという。床に伏せる井上を親友の伊藤博文が見舞い、井上が早く立ち去るよう忠告するのも聞かず、伊藤はその場に留まったという。

なお中西君尾は、高杉晋作や品川弥二郎、井上らに目をかけられた芸者で、勤王思想に共鳴していたといい、「勤王芸者」と呼ばれた。弥二郎の子を産んだという。

# 大久保利通

## 盟友・西郷と袂を分かち近代日本の礎を築いた大政治家

Okubo Toshimichi

薩摩藩士・政治家

1830（文政13）年〜1878（明治11）年

1830年、薩摩藩の下級武士・大久保次右衛門利世の長男として生まれる。同じ町内に住む西郷隆盛とは、幼なじみとして育った。1850（嘉永3）年、藩主・島津斉興の後継問題で、喜界島に流された父と共に処分を受けるが、斉彬が藩主になると彼の信任を受けて、1857（安政4）年には徒目付に。斉彬の死後は、若手藩士の組織・精忠組のリーダー格となり、同志の過激派を抑制した功を認められ、1861（文久元）年から国父・久光の元で政務に携わる。久光の信を得て公武合体政策のために京都で働いていたが、次第に西郷と共に倒幕に向けて動くようになる。

1866（慶応2）年には、長州藩の桂小五郎と薩長同盟を締結し、同時に岩倉具視と倒幕のための朝廷工作に暗躍。翌年の10月に討幕の密勅を実現させ、12月に王政復古の大号令を発布した。1868（慶応4）年の戊辰戦争時には、京都に残って天皇中心の政府樹立のために奔走。新政府の参議に就任し、版籍奉還や廃藩置県を実施した。

1871（明治4）年には大蔵卿に就任。全権大使・岩倉具視の下で、木戸孝允と共に副使を務め、欧米を視察した。この際、プロイセンの宰相・ビスマルクに感銘を受け、殖産興業と富国強兵が日本の近代化に欠かせないと考えるようになる。帰国後、征韓論を主張する西郷らと対立し、征韓論派は下野。その後は、警察から内政全般を扱うために新設された内務省の長官・内務卿を務め、大久保独裁と評されるほど強権的に政治を進めた。1874（同7）年に江藤新平らが佐賀の乱を起こすと、自ら佐賀に赴き、乱を鎮圧。台湾出兵では清国との交渉に当たり、その後台湾出兵に反対していた木戸孝允や下野していた板垣退助らと共に、立憲制度の導入に漕ぎ着けた。

明治天皇が私邸に行幸するなど彼の地位は不動のものとなるが、士族の反乱は続き神風連の乱、秋月の乱、萩の乱、そして西郷が率いる西南戦争の鎮圧に腐心。乱の制圧後は、内政の整備に邁進したが1878年、暴漢に襲われ命を落とした。

## 渋沢栄一との関係

### 大久保は「器ならず」だが人としては苦手だった栄一

積極財政論を推し進める大久保に対して均衡財政を主張し、陸海軍費の支出を巡って対立したのを機に、大蔵省を辞めることになった渋沢栄一は、後に「自分は大久保に嫌われていたし、自分も大久保が嫌いだった」と回顧している。栄一が大久保を苦手とした理由は、大久保の自我の強さと、底の知れなさにあったそうだが、一方で、「君子は器ならず」という論語を引き合いに、大久保を「器ならず」とも評している。渋沢によると、「器」とは「一芸一能の人」を指し、「器ならず」とはつまり「底が知れないほど多彩な能力を持つ人」という意味。ある面では大久保を評価していたことが窺われる。

今日のままにして瓦解せんよりは、むしろ大英断に出て、瓦解いたしたらんにしかず

何もしないでいて物事が御破算になるくらいなら、思い切って実行してみて、ダメになるならそれは仕方ない。

## エピソード

### 鉄のような意思の強さで近代化政策を推し進める

岩倉使節団として欧米の先進国を訪れた際、日本との国力の違いに衝撃を受け、引退を考えるほどだったという大久保。〝鉄血宰相〟と評されるプロイセンのオットー・フォン・ビスマルクには多大な影響を受けたそうで、〝独裁〟と言われるほど影響力を持っていた内務卿時代は、大久保が登庁し、廊下を歩く靴音が鳴っただけで、省内が静まり返ったと言われている。座右の銘、「為政清明（政治家は公正無私であれ）」「堅忍不抜（意志が強く、心を動かさない）」を地で行く彼の政治姿勢は、敵も多く作ったが、勝海舟は「西郷は江戸を救い、大久保は東京を作った」と彼を評価している。

冷徹な人物というイメージが強い大久保だが、家庭では優しい父親で、碁を趣味としていた。また、大のたばこ好きで、岩倉使節団においても、大久保が乗った汽車は常にたばこの煙が立ち込めていたという。

# 大隈重信

## 日本初の政党内閣を組織した大衆政治家

Okuma Shigenobu

１８３８（天保9）年～１９２２（大正11）年

佐賀藩士・政治家

佐賀藩の上士身分の家に生まれる。幼い頃より藩校・弘道館で学ぶが、学制改革を試みて放校となり、尊王派の義祭同盟に加入。蘭学寮に入舎後、長崎でアメリカ人のフルベッキから英学を学ぶ。１８６５（慶応元）年に長崎に英学塾の致遠館を設立する。

１８６７（慶応3）年、副島種臣と共に脱藩し、徳川慶喜に大政奉還を勧めるために上京するが、捕縛されて謹慎処分を受ける。翌年、明治新政府に出仕、徴士参与・外国事務局判事となり、浦上教徒事件の処置をめぐる英公使パークスとの論争で評価を高める。木戸孝允に重用され、大蔵大輔《たいふ》・民部大輔《たいふ》となり、鉄道敷設や財政改革などを推進する。渋沢栄一ら若手官僚が集まった大隈邸は、築地梁山泊と称された。１８７０（明治３）年に参議に昇進し、岩倉使節団の留守中の政府で存在感を高める。征韓論には反対の立場をとり、１８７３（同６）年に大蔵卿に就任。大久保利通を補佐して、地租改正を進めた。

木戸、大久保亡き後、藩閥政治の色が濃くなり、自由民権運動が高まりを見せる中、１８８１（明治14）年に、国会開設意見書を提出。英国を範とした政党内閣制と国会の即時開設という急進的な主張と、北海道開拓使官有物払下げに反対したため、政府から排除され、参議辞任を余儀なくされる。翌年、立憲改進党を結成して党首となる。また、東京専門学校（現早稲田大学）を開学した。その後、第1次伊藤・黒田両内閣で外務大臣を務め、条約改正交渉にあたるが、治外法権撤廃問題で厳しい批判を受け、爆弾を投じられて右脚を切断、外相を辞任する。

松方内閣で外務大臣として再登板した後、１８９８（明治31）年に板垣退助の自由党と合同して憲政党を結党。初の政党内閣を誕生させ、内閣総理大臣となるが、4カ月で退陣。いったんは政界から身を退き、早稲田大学総長就任をはじめ、文化事業に注力するが、１９１４（大正３）年、政界に復帰して、第二次大隈内閣を組閣。在任中は第一次世界大戦に参戦した。翌々年の辞職を機に政界から完全引退する。退任時は満78歳6カ月で、今に至る憲政史上最高齢の首相だった。

## 渋沢栄一との関係

### 八百万の神を持ち出して栄一を口説いた大隈

渋沢栄一が民部省租税正〈そぜいのしょう〉になったときの民部・大蔵大輔だったのが大隈。静岡で慶喜のそばにいた栄一が任官を断わろうとしたところ、大隈は、維新の改革に際して八百万の神が天安河原〈あまのやすがわら〉に集ったように新政を行うので、その神の一柱として新政府に加わるよう口説いたと、両人が口を揃え語っている。

大隈から見た栄一は「真に利己的あらずして他を利してやる。自らを愛すると同時に人をも愛する」人物。栄一は後年、大隈と50年にわたり親しく交際している理由を、不満足なことがあっても、事情が分かれば誤解は消えて、お互い敬意を欠くことがないからだとしている。

## 諸君は必ず失敗する。

致遠館での教官など、佐賀藩士時代から教育に力を注いだ大隈。青年に向けて贈った言葉も数多い。ここに挙げた言葉には続きがあり失敗に落胆せずに、打ち勝たねばならないとエールを送る。

## エピソード

### 人の話はよく聞けと五代友厚がたしなめた

「威圧的な覇気」（坪内逍遥）を放っていた雄弁家の大隈。親しい仲だった五代友厚からは、〝愚説愚論だと思っても、人の話は最後まできっちりと聞いてあげること〟などと書かれた忠告書「短所五カ条」が送られているが、若い頃は柔軟で「随分能く他人の意見に耳を傾けられ、之を善しと見れば採用するに躊躇せられなかつたものである」と渋沢栄一は語っている。字を書かず、著作も口述であった大隈だが、その記憶力のよさを、栄一や、元新聞記者で政治家の関直彦ら多くの人が振り返っている。

政治家としては豪快なイメージながら、メロンの栽培や盆栽を愛する園芸好きだったという意外な一面もある。晩年には自邸でメロンの品評会を開き、新品種「ワセダ」も作り出したという。政界と距離を置いた時期には、国から満足な支援が受けられなかった白瀬南極探検隊の後援会長にも就いた。南極には白瀬が命名した大隈湾がある。

# 木戸孝允（桂小五郎）

## 朝敵から新政府のトップに上り詰めた明治維新の立役者

Kido Takayoshi (Katsura Kogoro)

１８３３（天保４）年〜１８７７（明治10）年
長州藩士・政治家

西郷隆盛、大久保利通と並んで「維新の三傑」と評される政治家。１８３３年に長州藩の藩医の家に生まれ、同藩士・桂家の養子となる。藩校・明倫館で吉田松陰に兵学を学び、剣術では藩に許可を受けて江戸で練兵館に入門して免許皆伝を受ける。

ペリーの来航を間近に見て衝撃を受け、西洋兵学や英語などを学び、吉田松陰の強い推薦を受けて藩上層部に取り立てられる。朝廷や諸藩を相手に外交活動を担った桂小五郎は、同じ吉田松陰門下の高杉晋作や久坂玄瑞らと尊攘運動を推し進める。だが、慎重論を唱える桂らに対して、１８６３（文久３）年に朝廷からの要求を受けた幕府の攘夷宣言通りに久坂が関門海峡で外国船に砲撃するなど、藩は必ずしも一枚岩ではなかった。

八月十八日の政変が起こると、桂は名前を変えて京都に潜伏し、長州藩復権への工作を図る。１８６４（元治元）年の第一次長州征伐後、高杉が長州藩を掌握すると、桂はリーダーとして藩に復帰。１８６６年（慶応２）年１月には坂本龍馬と中岡慎太郎の斡旋によって京都の薩摩藩邸で木戸と西郷隆盛との会談が行われ、薩長同盟が成立する。薩長同盟の下、薩摩名義でイギリスから武器や軍艦を購入し、同年６月に起こった第二次長州征伐に勝利する。

なお第二次長州征伐前に桂は、長州藩主・毛利敬親から木戸姓を下賜されており、１８６８年（明治元）年以降は自分の諱《いみな》である孝允を用いて木戸孝允を名乗っている。

１８６７（慶応３）年には長州藩は朝敵を赦免され、翌年には木戸が総裁局顧問を拝命し、明治政府のかじ取りを任されることになる。

１８６８（明治元）年に五箇条の御誓文を出して国内外に明治新政府の基本方針を示した木戸は、１８７１（明治４）年には廃藩置県を断行。同年12月からは岩倉使節団に随行して欧米諸国の視察に出発する。だが帰国後に体調を崩し、西郷隆盛が西南戦争を起こした１８７７（同10）年、その行く末を見届けることなく、５月26日にその生涯を閉じた。

## 渋沢栄一との関係

### 突然の来訪で栄一を驚かせた開明派の元勲

渋沢栄一は、木戸孝允を「人を用ひるに当つても綿密周到を極め、適材を適所に置くことには頗る妙を得られて居つたものであるかの如くに思はれる」と『世外井上公伝』に残している。

当時大蔵官僚であった栄一と明治新政府の実質的責任者であった木戸が初めて会ったのは、1870（明治3）年8月で、当時栄一が住んでいた湯島の自宅を木戸が訪れて、渋沢のフランス留学時の話や国内外の情勢についての考えを尋ねたという。

その時の様子を栄一は、「所謂威あつて猛からずといふやうな、至つて慣れ易い所があつて、また時には凛乎として侵がたい所があつた」と評している。

## 人の巧を取って我が拙を捨て、人の長を取って我が短を補う

師匠であり親友でもあった吉田松陰の送った手紙の一節。文武に秀でた桂だが、この謙虚さが大望を果たす鍵となったのかもしれない。

## エピソード

### 剣の達人でありながら「逃げ」に徹した桂小五郎

八月十八日の政変後に地下に潜った桂小五郎は、新選組に急襲された1864（元治元）年の池田屋事件、京都を追放された長州藩勢と松平容保率いる会津藩勢が市街戦を繰り広げた同年の禁門の変など、辛くも逃げ延びて命の危機を脱している。そんな桂は、「逃げの小五郎」と揶揄されたといわれている。

禁門の変で朝敵と見なされた長州藩への追及は厳しく、中でも中心人物である桂への捜査は熾烈を極めた。そんな中で桂は、潜伏中も新堀松輔、広戸孝助などと名前を変えて必死に追及の手をかわしている。

本来は神道無念流の練兵館で免許皆伝であり、近藤勇をして「恐ろしい以上、手も足も出なかったのが桂小五郎」と言わしめたが、いたずらに敵に立ちむかわない状況判断と、大望を果たすために一時の恥に耐え忍ぶ精神力が、長州勢を朝敵から明治新政府の主導的立場へと導いたといえるだろう。

# 西郷隆盛

Saigo Takamori

１８２８（文政10）年〜１８７７（明治10）年

薩摩藩士・政治家・軍人

## 薩長連合で維新への道筋をつけるも、西南戦争で自刃

鹿児島城下で下級藩士の長男として生まれる。家計を支えるため18歳で郡《こおり》方書役助《かたかきやくすけ》を務めた。この頃、友人の大久保利通や有村俊斎（後の海江田信義）らと陽明学や禅について学ぶ。１８５４（安政元）年、藩主・島津斉彬に従い江戸に出ると庭方役《にわかたやく》を務め、ペリー来航で国内が騒然とする中、藤田東湖、橋本左内らと知り合い、国事を論じた。

江戸滞在中、斉彬の命を受け、徳川慶喜の将軍擁立のために奔走する。だが井伊直弼が大老に就任して、紀州藩主の慶福を次期将軍に定め、反対派を弾圧（安政の大獄）。斉彬も病死し西郷は殉死も考えたが、親交のある攘夷派の僧侶・月照を連れて鹿児島に帰藩した。藩が月照保護に難色を示したため、絶望した隆盛と月照は入水。西郷のみ一命を取りとめ、奄美大島に遠島となる。１８６２（文久2）年、帰藩を許された西郷は国父・島津久光の下で国事に携わるが、久光の覚えはめでたくなく、程なくして徳之島、さらに沖永良部島へ流される。１８６５（元治2）年2月、再び許されて帰藩すると、京に上り軍賦役《ぐんぶやく》の任に就き、禁門の変、第一次長州征伐で軍功を挙げる。その後、第二次長州征伐の際、土佐の坂本龍馬の仲介で長州藩士・木戸孝允と薩長連合の盟約を結び、武力討幕を決意した。

王政復古の大号令が発せられ、１８６８（慶応4）年、鳥羽・伏見の戦いで幕府を窮地に追い込んだ西郷は、大総督府下参謀となり東下。江戸進攻を前に旧幕府方の代表・勝海舟との交渉に臨み、江戸城無血開城を実現した。その後、戊辰戦争の終結と共に鹿児島に戻り、大参事として藩政改革に取り組む。１８７１（同4）年に上京すると、参議として政府の要職に就き、廃藩置県に尽力、陸軍元帥兼近衛《このえ》都督《ととく》、陸軍大将に任じられた。

１８７３（同6）年、征韓論が起こると遣韓大使を志願するが、岩倉具視や大久保利通らに反対されて希望が叶わず下野。ただちに鹿児島に戻ると、共に帰郷した軍人や官吏のための私学校を創設する。だが政府の挑発や私学校生徒の反乱を契機に、１８７７年、西南戦争が勃発。政府軍に破れ、同年9月に城山で自刃した。

「我が家の遺法、人知るや否や、児孫のために美田を買はず」

渋沢栄一をして、「如何にせば他人の利益を計ることが能きようかということに骨を折っていた」と言わしめたほど、西郷は無欲の人であった。

## 渋沢栄一との関係

### 豚鍋をつついた初めての出会い 維新後の再会で西郷を諭した栄一

西郷隆盛が渋沢栄一と最初に会ったのは、第一次長州征伐の後、西郷が滞在していた京都の相国寺でのこと。一橋慶喜の家臣として西郷を訪ねた栄一は、豚鍋をつついて食事をともにし、慶喜の将軍擁立について当時名声隆々たる西郷の考えを探ろうとしたのであった。その後、栄一の渡欧で話は沙汰止みとなる。

維新が成り、1872(明治5)年、新政府の参事として廃藩置県に取り組む西郷は、相談のため大蔵省書記官の栄一の許を訪ねた。西郷は予算の使い方について栄一に諭され、納得して帰途についたと言う。栄一は、西郷を器の計り知れない人物と、後に評価している。

## エピソード

### 安政の大獄と公武斡旋 2度の遠島の背後にあった幕末事情

月照とともに入水し、生き残った西郷隆盛は奄美大島に遠島となる。だがこれは、幕府に狙われた西郷を守るために藩命によって潜居させたもので、流罪ではなかった。その後、公武間の周旋に乗り出した国父・島津久光は西郷を召還。だが、久光の上京に異を唱えて不興を買い、命に背いたことを理由に捕縛され、罪人として徳之島へ遠島となった。さらにその処罰を軽すぎるとして、久光は沖永良部島への島替えを決め、牢に閉じ込める。西郷が赦免召還されるのは、薩摩藩の公武周旋の行き詰まりを打開するため、久光が大久保利通や小松帯刀らの進言を聞き入れたからであった。

沖永良部島では、島役人が、吹きさらしの牢屋で過酷な生活を余儀なくされていた西郷を見かねて座敷牢を建設。西郷は島の若者に書や漢詩を教えるなど地元民との交流を深めた。現在、同敷地内には西郷南洲記念館が建つ。

# 福沢諭吉

Fukuzawa Yukichi

## 慶応義塾を創立。近代日本の礎を築いた教育者

1835（天保5）年〜1901（明治34）年

中津藩士・教育者・啓蒙思想家

1835年、豊前中津藩士・福沢百助の次男として大坂で生まれたが、父の急死後、中津藩に戻り、叔父の養子となる。5歳ころから漢学を習い始める。1854（安政元）年、蘭学を学ぶために長崎へ。翌年からは大坂の緒方洪庵の適塾で学び、最年少で塾長を務めるまでになる。1858（同5）年、藩命で江戸へ行き、築地に慶應義塾の原点となる蘭学塾を開いた。

外国人の多い横浜を訪れた際、英語の必要性に気付いたことから独学で学び、1860（同7）年、幕府の遣米使節団に志願し、咸臨丸で渡米。帰国後、幕府の通訳として働くようになり、欧州諸国を歴訪した。アメリカからウェブスター辞書を日本に初めて持ち帰った他、ヨーロッパでも多くの書籍を購入。また、洋行で得た知見を綴った「西洋事情」を刊行し、西洋文明の紹介者として有名になった。1867（慶応3）年、幕府の軍艦受取委員に随行し、再び渡米。

1868（慶応4）年、王政復古の大号令後に、新政府から出仕を求められるが固辞。帯刀をやめて平民となり、築地の蘭学塾を芝新銭座（現東京都港区）に移し、慶應義塾と命名。身分にとらわれない教育を行い、自由で平等な教育論を推し進めた。

この頃から、福沢諭吉の名で出版業をスタート。当時ベストセラーとなった「学問のすゝめ」や「文明論之概略」などを相次いで刊行。下級武士、母子家庭で育った経験から封建制度に異を唱え、人間平等を訴えて価値観の変革の必要性を説いた。

1882（明治15）年には不偏不党、国権皇張を掲げる日刊紙「時事新報」を創刊。社説などを執筆し、皇室を政治の領域外に置く考えや男女同権、婦人の解放を説き、西欧列強のアジア侵略に対してはアジア各国の独立を支援。しかし、日清戦争を「文野明暗の戦」と支持、戦後は植民地となった台湾問題に資本家の立場から関心を示した。その後も多数の著作や自らの著作を振り返った全集などを発表したが、1898（明治31）年に脳溢血を発症。一度は回復したが、3年後に再発し、1901年に死去。

## 「天は人の上に人を造らず人の下に人を造らず」と言えり

人間は生まれながらにして平等である。貧富や貴賤などの差は後の学びによって決まるものだ。

### 渋沢栄一との関係

**似ている部分も多いが別々の人生を歩んだ2人**

旧幕臣出身だが個人的なつながりは深くなかったという栄一と諭吉。が、性格的な面では共通点が多くある。幼い頃から迷信や旧習を信じなかったという合理主義的な性格や、日本が発展するためには、貿易立国となるべきだという考えがその一例だ。明治以降は政府と一定の距離を置いた2人だが、民主導で官と協力すべきだという栄一に対し、諭吉は反官的な立場を取った。諭吉と将棋を指しながら、大隈重信や岩崎弥太郎と歓談したのを機に、栄一が東京海上保険会社の設立に向けて動き始めたという逸話が残る他、諭吉は『時事新報』に栄一の生き方を絶賛する記事を書いている。

### エピソード

**身分の上下への憎しみが学問で開眼するきっかけに**

諭吉の父は優れた漢学者だったが、中津藩は身分の上下が厳しく、出世の道は絶たれていたという。その上、2歳で父を亡くしてからはシングルマザーになった母が苦労する様子を見て育ったことから、諭吉は後に『福翁自伝』の中で、「門閥制度は親の敵」と語っている。彼は幼い頃は学問が嫌いだったというが、漢学を学び始めて、学問には身分の上下が関係ないことに気付くと、メキメキと頭角を現したという。

また、立身流居合道の免許皆伝を得た達人でもあったが、修業はあくまで求道と健康づくりのために行うものと心得ていた。

暗殺の危機を感じると夜間の外出は慎むようになり、人生で唯一遭遇したピンチに際しては、戦わずに逃げたと伝わっている。その点では、勝海舟らと同じく、剣の達人といわれながら、生涯に一度も剣で人を傷つけたことはなかった。

# 山県有朋

Yamagata Aritomo

## 幕末から日露戦争までを戦い抜き、二度首相を務めた軍人政治家

１８３８（天保９）年〜１９２２（大正11）年
長州藩士・軍人・政治家

明治新政府で陸軍の創設に尽力し、二度も内閣総理大臣の座に就いた山県有朋は、１８３８年に長州藩の下級武士の家に生まれた。

15歳で元服し、槍術を学んだ山県は１８５８（安政５）年、吉田松陰が謹慎の身となる前月に松下村塾に入塾。１８６３（文久３）年からは高杉晋作が創設した奇兵隊に参画し、１８６６（慶応２）年の第二次長州征伐では奇兵隊を率いて活躍。続く戊辰戦争では奇兵隊を含む諸藩の兵を指揮する立場となり、各地で勝利を収めた。

１８６９（明治２）年から翌年にかけてヨーロッパを巡遊して各国の軍制を目にした山県は、１８７２（同５）年に陸軍大輔となる。西南戦争で薩摩軍を破った山県は、親交のあった西郷隆盛の遺体を見聞し、涙を流したという。

軍制の確立に努めた山県は、１８８５（同18）年には第一次伊藤博文内閣の内務大臣となり、１８９０（同23）年12月には第３代内閣総理大臣に就任する。山県は同年６月に陸軍大将に昇進しており、明治天皇の特旨により軍人と総理大臣を兼任することとなった。

日本初の帝国議会を成功させた山県は１８９１年（同24）年に首相を辞任するが、政治家として高い評価を得て、伊藤博文と並ぶ藩閥の実力者としての地位を確立した。

１８９４（同27）年に始まった日清戦争では自ら戦地である朝鮮半島に赴いている。日清戦争に勝利した山県は、１８９８（同31）年から１９００（同33）年まで再び総理大臣を務める。

朝鮮半島と満州の権益を争って勃発した日露戦争では参謀総長として作戦総指揮にあたった。

１９０９（同42）年に伊藤博文が暗殺されると、元老の最有力者となる。元老は天皇の諮問に答えて次の内閣総理大臣を奏薦《そうせん》する存在で、最大の藩閥を擁する山県は事実上の首相選定者となった。

軍部や官僚に巨大派閥を形成し、政界に影響力を発揮した山県は、１９２２年２月１日に病没。東京・日比谷公園で国葬が営まれた。

## わしは一介の武弁である

国政に深く関与するようになってからも、山県がしばしば口にしたと言われる言葉。陸軍大将と内閣総理大臣を兼任したこともある山県は、自分が本来は軍人であることを強く意識していたと思われる。

## 渋沢栄一との関係

### 山県を「不言実行の人」と評した渋沢栄一

渋沢栄一は現在の韓国・ソウルと釜山を結ぶ京釜鉄道の運営会社設立のため、1899（明治32）年当時総理大臣を務めていた山県と交渉するなど、ビジネスの場で顔を合わせている。山県に対して栄一は「余り口数を多くきかれはせぬが、行はんとする処を行つてゆかれる不言実行の人であるかの如くに思はれる」とその印象を談話集『実験論語処世談』に残している。

山県は、栄一が払い下げを希望しながら地元の反対で断念した栃木県那須ヶ原の土地を、地元の了承を得て手に入れ、山県農場を作っている。現在の山県有朋記念館は、この農場の敷地内に建っている。

## エピソード

### 今に残る名庭園を残した山県有朋の作庭趣味

日本の陸軍創設に心血を注いだ山県だが、私生活では造園に力を注いでいた。ホテルとして名高い東京都文京区の椿山荘は山県が西南戦争の功を賞して与えられた年金で1878（明治11）年に購入した自宅で、山県の趣味で作庭が行われた。当時東京を代表する庭師・岩本勝五郎を起用して作り上げた庭園は、優れた名園として今も高い評価を得ている。その他にも、現在庭園が国の名勝に指定されている京都の無鄰菴《むりんあん》は山県の別邸であり、山県の別荘だった神奈川県小田原市の古稀庵《こきあん》は近代日本庭園の傑作として高い評価を受けている。

山県の指示を受けて無鄰菴の作庭に当たった七代目の小川治兵衛は、平安神宮神苑や円山公園など国の名勝に指定されている庭園を数多く手がけている。近代日本庭園の先駆者と言われている小川だが、自然や風景を庭園内に取り込む手法は、山県に影響を与えたともいわれている。

# 板垣退助

Itagaki Taisuke

## 維新後、四民平等を唱え続けた自由民権運動の父

土佐藩士・政治家・民権運動指導者

1837（天保8）年〜1919（大正8）年

1837年、高知城下で土佐藩士・乾正成の子として生まれる。藩主・山内容堂の側用人となり、以後藩の要職を歴任した。戊辰戦争では東山道先鋒総督軍参謀を務め、北関東、会津まで転戦した。この頃、乾姓から板垣に改姓。

1871（明治4）年、新政府の参議となる。1873（同6）年、征韓論に際しては、大久保利通らと対立し、西郷隆盛らと共に下野。1874（同7）年、五箇条の御誓文の文言「万機公論に決すべし」を拠り所として愛国公党を創設し、後藤象二郎など下野した参議らと民撰議院設立の建白書を提出するが却下される。高知に帰った退助は、立志社を作り、自由民権運動の指導的役割を果たした。

1881（同14）年、帝国議会開設の詔が出されたのを機に自由党を創設、総理（党首）に就任。自由民権運動の拡大を目指して全国を遊説して回った。

1882（同15）年、後藤象二郎とともに洋行。1887（同20）年、固辞したものの、明治維新の功労を賞せられ伯爵となる。1896（同29）年、第二次伊藤内閣で内務大臣、1898（同31）年、大隈（隈板）内閣で内相を歴任。晩年は政界を引退し社会事業等に力を注いだ。1919年、死去。

エピソード

### あの名セリフは土佐弁だった!?

1882（明治15）年、退助は、岐阜で暴漢に襲われた。その際、「板垣死すとも自由は死せず」と叫んだという有名なエピソードが新聞などで報道され、この言葉が自由民権運動の合言葉となった。実際には土佐弁だったという説もある。

# 江藤新平

Eto Shinpei

1834（天保5）年〜1874（明治7）年

佐賀藩士・政治家

## 新政府の一員となるが、佐賀の乱に敗れ、斬罪に

1834年、佐賀城下八戸村で佐賀藩士・江藤胤光《たねみつ》の長男として生まれる。12歳の時、藩校・弘道館に入学。1850（嘉永3）年に、国学者の枝吉神陽により義祭同盟が結成されると参加し、尊王思想などを学ぶ。ペリー来航にあたっては意見書「図海策」を建白し、開国を唱えた。1862（文久2）年、脱藩して上洛。攘夷運動に参加し、藩庁から永蟄居に処せられた。

王政復古によって再び藩に登用され、参政、藩政改革に尽力した。1868（明治元）年、新政府成立後、徴士として出仕、江戸遷都を提唱する。その後、文部大輔、左院副議長などを歴任し、1872（同5）年、司法卿となり、司法制度の整備、民法制定などに力を注いだ。翌年、征韓論に敗れ、西郷隆盛、板垣退助らとともに下野し、民撰議院設立の建白書に板垣や副島種臣らと共に署名。佐賀に帰郷後、郷里の反政府勢力に推されて挙兵、佐賀の乱を起こすが鎮圧される。敗戦後、鹿児島に向かい、西郷に救援を求めたが断られ、高知の甲浦で捕らえられて佐賀に護送、投獄された。同年4月、内務卿大久保利通臨席のもと、臨時裁判所で、正規の裁判も受けられないまま斬罪、さらし首にされた。

### エピソード

**生涯1枚だけの写真は、無理やり撮らされた!?**

鋭い眼差しともとれるが、どうも仏頂面と言ったほうがぴったりする江藤の肖像写真。京都で撮られたもので、木戸孝允や伊藤博文に着物を着せられて写真を撮られている自分に腹を立てていたというエピソードが残っている。写真は生涯この1枚だけとか。

# 桐野利秋

## 西郷隆盛に殉じた示現流の達人

Kirino Toshiaki

1838（天保9）年〜1877（明治10）年

薩摩藩士・軍人

中村半次郎と称していた時期もあり、幕末好きには「人斬り半次郎」としておなじみかもしれない。

1838年、鹿児島藩士・桐野兼秋の子として出生。極貧のなか成長し、伊集院鴨居門下で示現流を学び名手となったという。1862（文久2）年、国父・島津久光に従って京に上る。中川宮朝彦親王付の守衛となり、その間勤王の志士と交流。「人斬り半次郎」の異名をとるようになる。

1864（元治元）年の禁門の変で西郷隆盛の信頼を得、以後西郷の下で国事に奔走した。戊辰戦争では新政府軍の東海道先鋒総督軍、ついで会津若松攻めで軍監を務め、軍功により章典禄二百石を受けた。1869（明治2）年、鹿児島藩常備隊大隊長、1871（同4）年、陸軍少将に任官。1872（同5）年、熊本鎮台指令長官などを歴任したが、1873（同6）年の征韓論の政変で西郷に従って辞官し鹿児島に帰った。鹿児島では村田新八や篠原国幹らと私学校を設立。西郷派の教育と軍事訓練などを行い団結を図った。1877（同10）年、西南戦争が勃発すると、四番大隊長として参戦。人吉、宮崎と転戦するも、鹿児島城山で西郷らと共に討死した。

### エピソード

**「人斬り半次郎」が涙した会津若松城の陥落**

戊辰戦争の会津若松攻めでは会津若松城陥落後、城の受け渡しの大任を務めている。利秋は藩主・容保を前に男泣きに泣いたという（『アーネスト・サトウ　一外交官の見た明治維新』）。作法に則り、温情にあふれた所作で戦後処理にあたった。

# 黒田清隆

Kuroda Kiyotaka

1840（天保11）年～1900（明治33）年

薩摩藩士・軍人・政治家

## 北海道開拓などに功のあった第2代内閣総理大臣

1840年、薩摩国鹿児島城下に薩摩藩士・黒田清行の子として生まれる。1863（文久3）年、薩英戦争に参加。同年、江戸の江川塾で砲術を学ぶ。1866（慶応2）年、坂本龍馬らと共に薩長同盟成立に尽力。戊辰戦争には参謀として参戦。箱館五稜郭の攻撃を指揮するが、旧幕府軍の榎本武揚の助命にも奔走し、後に榎本の力を対露政策に活用した。

1870（明治3）年、北海道開拓次官、1874（同7）年、同長官に昇進し、北海道の開拓事業にあたる。札幌農学校の設立、屯田兵制度の導入なども実行した。1876（同9）年、特命全権大使として日朝修好条規を締結。1877（同10）年の西南戦争では征討軍として熊本城の解放に功績があった。1881（同14）年、北海道開拓使の官有物払下げをめぐる政変で開拓長官を辞任して内閣顧問に。1888（同21）年、伊藤博文の後を受けて、第2代内閣総理大臣となる。

大日本帝国憲法の発布式典に関わったが、大隈重信外相と共にあたった不平等条約改正に失敗し、辞職した。晩年は元老となり、枢密院顧問、逓信大臣、枢密院議長を歴任、1900年に死去した。

### エピソード

**北海道開拓の功労者は酒乱だった**

黒田の人物評で必ずと言っていいほど出てくるのが酒乱の逸話。酔って木戸孝允につかみかかり、逆に柔術の達人・木戸に投げ飛ばされたり、酔って帰宅した黒田が、妻の態度が気に入らず切り殺したなどなど。出所は怪しい話ばかりだが酒癖が悪かったのは本当のようだ。

# 後藤象二郎

## 坂本龍馬と共に大政奉還の流れを作った維新の功労者

Goto Shojiro

1838（天保9）年～1897（明治30）年

土佐藩士・政治家

1838年、土佐藩士の子として高知城下に生まれる。若くして父を亡くし、義理の叔父にあたる吉田東洋の下で育つ。板垣退助とは竹馬の友である。東洋が開いた鶴田塾（少林塾）で板垣の他、岩崎弥太郎、福岡孝弟らと共に学ぶ。

1858（安政5）年、東洋に推挙され郡奉行、普請奉行となる。1862（文久2）年、東洋暗殺事件後、江戸に出て航海術、蘭学などを学ぶ。翌年、前藩主・山内容堂が復帰すると大監察に就任。1867（慶応3）年、長崎に出張の折、亀山社中を経営する坂本龍馬と会談し、坂本の大政奉還論に賛同。容堂を説得して大政奉還の建白書を幕府に提出した。新政府では外国事務掛、総裁局顧問、大阪府知事、参議などを歴任するが、征韓論政変に敗れて下野。民撰議院設立建白に参画、1881（明治14）年、板垣らと自由党を結成した。反政府勢力の結集を図る大同団結運動を起こすが、後に政府に協力し、黒田清隆内閣、第二次伊藤博文内閣などで、逓信相、農商務相などを歴任した。1894（同27）年、農商務相時代に商品取引所の開設にともなう収賄事件が起こり、責任をとって辞任した。

**エピソード**

**板垣と一緒に
パリのヴィトンでショッピング**

1882（明治15）年、立憲政治視察のため渡欧した後藤象二郎と板垣退助がパリのルイ・ヴィトン本店を訪れ、鞄を購入した記録が顧客名簿の中に残っている。残念ながら後藤の鞄は現存しないが、板垣が購入した鞄は高知市立自由民権記念館で保存されている。

# 副島種臣

Soejima Taneomi

1828（文政11）年～1905（明治38）年

佐賀藩士・官僚・政治家

## 日清修好通商条約の批准交換にあたった外交官

1828年、佐賀藩士・枝吉忠左衛門種彰の次男として生まれる。藩校・弘道館の教諭を経て、兄で弘道館国学教授の神陽が首唱する義祭同盟に大隈重信、江藤新平らと参加。1852（嘉永5）年、京都に遊学。尊王攘夷派の志士と交友を持つ。京では公卿の大原重徳に意見書を提出、天皇政権による統一を進言した。また中川宮朝彦親王から佐賀藩兵の上京を促され、藩主・鍋島直正に建言するも受け入れられなかった。父の死後、32歳の時に佐賀藩士・副島利忠の養子となる。1867（慶応3）年、大隈重信と脱藩。原市之進を通じて大政奉還を唱えようとしたが捕らえられ謹慎させられる。明治維新後は新政府の参与、制度事務局判事となり、福岡孝弟とともに「政体書」を起草。その後、岩倉具視の後任として外務卿となり、特命全権大使として日清修好通商条約の批准交換にあたった。1873（明治6）年、征韓論に対する対立から下野。同年、愛国公党を結成し「民撰議院設立建白書」に名を連ねたが自由民権運動には参加しなかった。1876年（同9）年、清国への旅に出る。帰国後は宮中顧問官、枢密院副議長、内務大臣などを歴任。1905年1月31日病没。

**エピソード**

### 清の高官も驚いた漢詩への造詣の深さ

副島は漢詩と書を嗜〈たしな〉み、息子の副島道正と門人の武井義らが編纂した『蒼海全集』全6巻には、2000を超える漢詩が収められている。1876（明治9）年、太平天国の乱で破壊された寒山寺を訪ねた副島が詠んだ漢詩は、清の高官もその才能に驚いたという。

# 前島密

## 通信インフラの整備に貢献した近代郵便制度の父

Maejima Hisoka

1835（天保6）年〜1919（大正8）年

官僚・政治家

越後国頸城《くびき》郡下池部村（現新潟県上越市）の豪農の家に生まれる。1844（弘化元）年、高田藩の儒学者石倉典太の私塾に入学。2年後、12歳で江戸へ出て、医学、蘭学などを学ぶ。1854（安政元）年、ペリー来航を機に国防の強化が必要と考え、全国の砲台や港湾などの実地見聞の旅に出る。

1866（慶応2）年、前島家を継いで幕臣となり、前島来輔と名乗る。

大政奉還後、徳川慶喜に従って静岡へ赴き、遠州中泉奉行となる。このころ密と改名。さらに新政府から出仕を求められ民部省の改正掛となる。改正掛は渋沢栄一らを中心に、近代国家建設のための企画立案を行う部署だった。

1870（明治3）年、租税権正、駅逓権正を兼務。飛脚に代わる近代郵便制度を立案。渡英し、郵便事業を学ぶ。帰国後、郵便切手発行、郵便ポストの設置、全国均一料金化を実現。

1881（同14）年、明治十四年の政変で官を辞し、大隈重信と共に立憲改進党の結成に参加。1886（同19）年、東京専門学校（現早稲田大学）の校長に就任。1888（同21）年、逓信次官になり、電話交換事業の創設にも尽力した。1904（同37）年、貴族院議員となる。1919年、死去。

### エピソード

**銅像除幕式で渋沢栄一がスピーチ**

1915（大正4）年、80歳になった前島の銅像建設の声があがり、100名もの人々から集まった寄付金で逓信省内に銅像が建立された。翌年7月に除幕式が盛大に挙行され、大隈重信首相らに続き、栄一もスピーチを行っている。

# 陸奥宗光

Mutsu Munemitsu

1844（天保15）年〜1897（明治30）年

紀州藩士・政治家

## 条約改正、地租改正に尽力した有能な政治家

1844年、紀州藩士・伊達宗弘の子として生まれる。長州、土佐の志士と交流し、後に坂本龍馬と知り合う。龍馬とは、神戸海軍操練所、亀山社中、海援隊への参加と、行動を共にした。

維新後は新政府に出仕。外国事務局御用掛などを歴任し、軍艦の購入などに能力を発揮した。兵庫県知事、神奈川県県令などを務めた後、租税頭、地租改正局長として地租改正に尽力。渋沢栄一とは大蔵省で大隈重信、井上馨らと共に改革派として活動したが、薩長藩閥政治に反発し、官を辞して和歌山に帰った。

1878（明治11）年、政府転覆を図った土佐立志社事件に関与したとして禁固5年の刑を受け、入獄。

1883（同16）年、出獄後、ヨーロッパを歴訪し、帰国後に外務省に入省。1888（同21）年、駐米公使、1890（同23）年、第1回衆議院議員総選挙に当選。第一次山県内閣、第一次松方内閣で農商務相、第二次伊藤内閣では外相を務め、条約改正に着手。1894（同27）年に日英条約改正を成功させ、領事裁判権の撤廃を実現。以後、各国との条約改正も成功に導いた。1896（同29）年、病気により職を辞す。翌年死去。

### エピソード

**日本男子の中で一番美しい方と、評される**

明治時代に発刊された新聞『毎日電報』の「西洋の夫人の見た日本の美男子」という記事の中で、陸奥を「自分が見た日本男子の中で一番美しい方」と評した駐日アメリカ公使の妻の言葉が紹介されている。明治政府イケメンランキング第1位は陸奥だった!?

# 渋沢栄一語録

## 人生編

渋沢栄一の人生哲学は、100年後に生きる我々にとってもハッとさせられるものばかり。人生の道しるべのヒントがここにある。

何もせずに暮らすは
一つの罪悪である。
(『渋沢栄一訓言集』より)

80歳を超えても実業家として多くの来客に応対し、さまざまな会議に出席するなど、多忙な毎日を過ごしていた栄一。「何か世のためになることをしたい」というモットーのもと、90余年の人生を走り抜けた。

目的を達するにおいては
手段を選ばずなど、
成功という意義を誤解している。
(『論語と算盤』より)

栄一は、お金は稼いだ方法によって意味が異なると説いた。手段を選ばず金を稼いだ人間を「成功者」ともてはやす風潮には大反対で、社会に有益な方法で利益を上げることを主張した。

物事は順を追って行くが良い。
決して焦ってはならない。
(『渋沢栄一訓言集』より)

できる限りの努力をしたら、あとは天命に任せる。すべての行動は、道理にかなうかどうかを判断して決定する。栄一は、天命を開き道理を歩むことが、遠回りに見えても成功への近道だと説いた。

すべて世の中の事は、
もうこれで満足だという時は、
すなわち衰える時である。
(『渋沢栄一訓言集』より)

1867(慶応3)年、徳川昭武のパリ万国博覧会に随行した際、西洋文化を拒む同行者もいた中で、栄一はいち早くざんぎり頭にした。変化を恐れない姿勢が、日本に近代資本主義をもたらしたともいえる。

私はいわゆる
「王道」のようなものは
千年も変わらない
人間の道であると信じている。
(『渋沢栄一訓言集』より)

明治、大正時代の急速な近代化により、多くの社会問題、労働問題が生まれた。栄一は、真の解決は王道にあると説き、資本家も労働者も互いの立場を尊重し合うことにより、真の調和が得られるという考えだった。

孝行は親がさせてくれて
初めて子ができるもので、
子が孝するのでは無く、
親が子に孝をさせるのである。
(『論語と算盤』より)

親が資産を所有していてもあてにせず、自分の知恵で社会に役立つことができるようにと子孫に説いた栄一。子孫が自分の足で立てるように、親はできる限りの教育をしてやるべきだという考え方だった。

# 実業家時代・財界引退後

33〜91歳

大蔵省を辞した栄一は実業家の道を歩み始める。スタートは第一国立銀行設立で、これを足掛かりに合本主義による会社の創設・育成に力を入れ、生涯500もの企業に関わった。また、財界引退後は約600の社会・公共事業や民間外交に尽力した。

# 岩崎弥太郎

## “三菱”の礎を築いた幕末・明治期の大実業家

Iwasaki Yataro

1835（天保5）年～1885（明治18）年
土佐藩士・実業家

1835年、土佐藩の地下浪人・岩崎弥次郎の長男として生まれる。幼い頃から文才を発揮し、土佐の儒者・岡本寧浦《ねいほ》に学んだ後、江戸の見山塾へ。土佐藩参政・吉田東洋の門人になったのを機に、藩の職を得て、1859（安政6）年に長崎へ。1867（慶応3）年からは、藩の開成館長崎出張所を後藤象二郎から預かり、主任に。1868（明治元）年の出張所の閉鎖後も長崎に留まり、戊辰戦争の武器弾薬の買い入れや、土佐の商品の輸出にあたった。

翌年、藩の開成館大坂出張所に転出するとこれを藩から切り離し、九十九商会と名付けて汽船運輸を行っていたが、廃藩置県によって藩の官職を失うと、実業界への転身を決意。1872（明治5）年に新商社・三川商会を旗揚げし、社主となる。

その後、三菱商会、郵便汽船三菱会社など社名を変更しながら、台湾出兵の軍事運輸を成功させると、内務卿・大久保利通の信頼を得て、海運業のみならず、郵便物の輸送や外国定期航路の開設なども受託。会社は、国内最大の汽船会社に成長した。

また、新政府の意向を受けて、1875（同8）年には船員を養成するための三菱商船学校を設立。その後官営になり東京商船学校と名前を変えた同校は、現在の東京海洋大学の前身である。ほか、1878（同11）年には三菱商業学校も設立した。

1877（同10）年の西南戦争でも、政府軍の軍事輸送を成功させ、会社は鉱山、造船、金融、貿易、倉庫、保険などさまざまな事業に進出。為替銀行や海上保険、港湾倉庫の建設など、欧米を参考に日本の経済発展の道を探り、新政府の手が回らない部分では自ら道を切り開いた。

しかし、1881（同14）年に政変が起こると、政府は三菱を抑圧する方向に方針を転換。三井組を中心とした半官半民の共同運輸会社を三菱と対抗させ、両社の間で2年にもわたる運賃の値下げ競争に発展。その後2社が合併し、日本郵船会社が設立されたが、それを見届けることはなく、1885年、胃がんで死去した。

## 創業は大胆に、守成《しゅせい》は小心たれ 樽よりくむ水にまして、洩る水に留意すべし

新しいことを始めるときは大胆に、それを軌道に乗せて守るときは小心であれ。樽の中の水を上から汲まれることよりも、下から漏れていないか注意せよ。

## 渋沢栄一との関係

### 正反対の経営理念を持つ ライバルだった岩崎と栄一

「東洋の海運王」と呼ばれ、国内の海運業をほぼ独占し莫大な利益をあげていた岩崎の三菱に対抗して、三井組との半官半民の共同運輸会社の設立を主導した栄一。弥太郎と栄一はライバル関係にあり、権限もリスクも1人に集中させるべきだという考えの弥太郎と、独占を嫌い合本主義を取った栄一とは、経営理念も全く異なった。しかし栄一は各財閥と是々非々の関係を築き、東京海上保険の設立や丸の内の開発では弥太郎の三菱と協力。弥太郎の死後、三菱を継いだ弟の弥之助とは日本銀行の設立をはじめ、さまざまな分野で連携した。また、栄一の後継者・孫の敬三の妻は、弥太郎の孫である。

## エピソード

### 同郷の坂本龍馬の「海援隊」で経理を担当

吉田東洋の門下生だった時代に、後藤象二郎と知り合い、彼の推薦で土佐藩が作った貿易のための組織「土佐商会」の主任を務めることになった弥太郎。その後、脱藩していた坂本龍馬が藩の許しを得て、彼の運営していた「亀山社中」が「海援隊」に名前を変えると、多くの負債を抱えていた「海援隊」の経理を担当することになった。1867（慶応3）年、大洲藩から海援隊に貸し出されていた蒸気船「いろは丸」が、紀州藩の「明光丸」に衝突されて沈没した際は、坂本は紀州との戦も覚悟していたが、弥太郎は後藤と共に交渉の席に座り、賠償金を獲得することに成功したという。

ちなみに海援隊の言い分としては、「合わせて8万3526両の銃火器や金塊を積んでいた」というものだったが、2006年に行われたいろは丸の沈没調査では、鉄砲や金塊は発見されなかった。

# 大倉喜八郎

## 一代で大倉コンツェルンを築いた実業家

Okura Kihachiro

実業家

1837（天保8）年〜1928（昭和3）年

1837年、越後国蒲原郡新発田《しばた》町（現新潟県新発田市）に生まれる。家は代々、新発田藩の大名主で、農家でありながら苗字帯刀を許された家柄だった。学問好きの父の影響もあり、幼い頃より四書五経、書、算盤などを学んだ。1854（嘉永7）年、17歳の時に江戸に出て、麻布の鰹節店に丁稚《でっち》見習いとして奉公する。丁稚時代には安田善次郎と交友関係にあった。1857（安政4）年に独立し、下谷に乾物店の大倉屋を開業。大きな利益を得たが、開港した横浜港を視察したことを契機に、1867（慶応3）年、神田に銃砲店を開業した。幕末の情勢下で幕府や諸藩から注文が殺到し、戊辰戦争では東征大総督・有栖川宮熾仁親王の御用達を命じられるなどして利益を得た。

明治維新後、欧米の社会、経済を視察し、1873（明治6）年に大倉組商会を設立。貿易事業及び、政府の御用事業に乗り出した。台湾出兵の際は兵站《へいたん》輸送を独占的に引き受け、その後、朝鮮やインドとの貿易にも手を広げた。1893（同26）年、合名会社大倉組に改組後は、日清・日露両戦争に軍御用達として軍需物資や食料の調達を独占して巨利を得た。また、中国、満州の利権を獲得し、満州の鉱山の採掘事業に着手し、日中合弁会社を創立。その他、陸軍の肝いりで、三井物産らと合同で中国向けに武器の独占販売・輸送を行う組合も設立するなど、次々と事業を拡大していった。

渋沢栄一とは1875（同8）年、東京会議所の肝いりとして顔を合わせて以来、50年以上に及ぶ親交を持ち、栄一が創設した会社に取締役や監査役として関係した。大倉自身も大倉土木組（現大成建設）、日清豆粕製造（現日清オイリオ）、東海紙料（現東海パルプ）など多くの会社を設立した。1918（大正7）年には、大倉組を大倉商事株式会社に改称、大倉組のコンツェルン化を図った。また、1900（明治33）年、自らの還暦と銀婚祝いの事業として、私財を投じて大倉商業学校（現東京経済大学）を創設、教育にも注力した。1928年、92歳で生涯を終えた。

## 渋沢栄一との関係

### 栄一の設立した11社に関与。財界のパートナーとして交流

大倉喜八郎は、生涯に500もの会社の設立に関わったといわれている渋沢栄一の、実業界における重要なパートナーの1人だった。大倉組に払い下げられていた札幌麦酒醸造所を栄一に譲渡し開業に至った札幌麦酒会社(現サッポロビール)、大倉のほか、渋沢や益田孝ら財界の要人が発起人となって開業した帝国ホテル、会長・渋沢栄一、取締役・大倉喜八郎らの布陣でスタートした帝国劇場など、大倉は栄一とともに多くの会社を誕生させている。

大倉が3歳年長で、大倉92年、栄一91年の生涯と、ほぼ同時期を生きた2人は、近代日本の礎を作った盟友だった。

渡り来し浮世の橋のあとみれば
命にかけてあやうかりけれ

自らの生涯を詠んだ歌。冒険心、洞察力、パイオニア精神に富んだ大倉の生き方を表現している。

## エピソード

### 日本初の私立美術館を建てた喜八郎

大倉喜八郎は、文化財の海外流出を嘆いて、1902(明治35)年、東京・赤坂の自邸内に大倉美術館を建て、文化財の保護と日本文化の向上を目的に古美術品の収集を行った。その後、1917(大正6)年に収集した文化財、建物などを寄付し、日本初の私立美術館、財団法人大倉集古館が誕生した。

集古館には、喜八郎が集めた日本や東洋各地域の古美術と、跡を継いだ息子の喜七郎が集めた日本の近代絵画などを中心に、約2500点の美術品が収められている。主なコレクションは、平安時代の書跡「古今和歌集序」、彫刻「普賢菩薩騎象像」など国宝3点、南宋時代の漢籍「大唐三蔵取経詩話」、鎌倉時代の漆工「長生殿蒔絵手箱」など重要文化財13点、高麗時代の朝鮮の漆工「唐草文螺鈿箱」、南宋時代の中国の陶磁「青磁香炉」(龍泉窯)など重要美術品44点。その他、横山大観の代表作「夜桜」などの名画も見られる。

# 五代友厚

## 維新後の大阪経済を再建した功労者

Godai Tomoatsu

1836（天保6）年～1885（明治18）年

薩摩藩士・実業家

薩摩藩の儒官・五代秀尭の次男として生まれる。藩の郡方書役助となり、1857（安政4）年、長崎へ派遣され、海軍伝習所で航海術や測量、砲術などを学び、勝海舟らと出会う。

1862（文久2）年、御船奉行副役となり、藩命でイギリス人武器商人のグラバーと上海へ渡航して汽船を購入する。翌年の薩英戦争で捕虜となるが脱走して、貿易促進などを上申。1865（慶応元）年、薩摩藩の遣英使節団としてイギリスをはじめ、欧州各国を視察。渡欧中に貿易業務も行った。

明治維新後は、海外で培った知見や実務経験を活かし、新政府の外国事務掛となり、外国官権判事、大阪府権判事兼任となり、外交官として神戸事件や堺事件などの事後処理や貿易の折衝にあたる。また、大阪商人たちの共同出資による為替会社、通商会社の設立や造幣局の大阪誘致を働きかけた。

1869（明治2）年、会計官権判事に任ぜられ、横浜転勤を命じられると、官吏の職を辞して下野。大阪に戻った五代は、実業家に転身し、衰退の一途をたどっていた大阪経済再建に動き出す。通商会社や金銀分析所、活版所などの設立を皮切りに、鉱山経営に乗り出し、管理会社の弘成館を立ち上げる一方で、三井・小野組合銀行（後の第一国立銀行）設立にも関与。1876（同9）年には、国産藍の輸出促進をはかるため、製藍会社の朝陽館の設置、維新前は隆盛を極めていた堂島米商会所を再興する。

1878（同11）年には、8月に大阪株式取引所（現大阪取引所）を設立。9月に大阪商法会議所（現大阪商工会議所）を設立して初代会頭となり、大阪経済界の顔となった。後進の教育にも力を入れ、大阪商業講習所（現大阪市立大学）も創設する。

大阪経済復活の立役者となった五代だったが、1881（同14）年、北海道の開拓使官有物払い下げについて薩摩閥が結託した不正と大きな批判を浴びる。事件は政界に広がり、伊藤博文が大隈重信を追放した明治十四年の政変のきっかけとなった。

1885年、東京築地の別邸で、49歳の若さで没する。

## 男子一度決心せし上は、仮令朝命なりとも、志を翻し難し。

官への再出仕を断った五代の覚悟がうかがえる書簡の言葉。民業の振興により国に尽くすという決意は変わらなかった。

## 渋沢栄一との関係

### 東の渋沢、西の五代と並び称された2大実業家

「東の渋沢、西の五代」と並び称される２人。官から民に転じたのもほぼ同時期で、五代は栄一に向かって「渋沢は東京でしっかり活動してくれ、五代は大阪の方で活動するから」と語ったと栄一は回想している。

東京・大阪の商法会議所の初代会頭として、２人の間で交わされた書簡も多く残されている。また、出資などを通じてお互いの事業に関与していたこともうかがえる。

五代は実業界に転じて早々に製藍会社・朝陽館を設立するが、栄一の実家が藍の製造・販売を家業としていたため、設立以前から郷里の製藍に従事する親戚を斡旋したこともあった。

## エピソード

### 大阪の恩人は大久保利通の知恵袋

五代は殖産興業へと国政の舵を切った大久保利通の政治経済のブレーンとしても知られる。1875（明治8）年には、征韓論をめぐり対立していた大久保と木戸孝允、板垣退助を一堂に会した大阪会議を根回しするなど、政界のフィクサーとしての役割も担った。栄一も「大久保公なぞへは能く取り入つて居つた」と明かしており、政界の実力者に顔がきく立場を活用したことは間違いないだろうが、五代自身は晩年に「天下の貨財は決して之を私すべきものに非ず」と語っている。巨万の富を得る一方で、莫大な負債も抱えるなど、単なる政商ではなかった。

銀目廃止*で両替商がほとんど廃業するなど疲弊した大阪を、東洋のマンチェスターと呼ばれるほどの工業都市に変貌させた功労者であることは疑いなく〝大阪の恩人〟とうたわれる。大阪商工会議所、大阪取引所前のそれぞれに五代の銅像が建ち、大阪の街を見守る。

＊明治政府が幣制の統一のため行った銀貨の廃止

# 三井財閥

## 渋沢栄一は三井本家よりも番頭との関係を重視

三井を取り仕切った番頭たち

### 当主・三井八郎右衛門と〝大番頭〟

　三井の総領家である北家当主が代々名乗る「八郎右衛門」。渋沢栄一が生きた江戸末期から昭和初期にかけて三井家当主として君臨したのは、三井八郎右衛門高福《たかよし》（１８０８〈文化５〉～１８８５〈明治18〉年）、高朗《たかあき》（１８３７〈天保８〉～１８９４〈明治27〉年）、高棟《たかみね》（１８５７〈安政４〉～１９４８〈昭和23〉年）の３人。しかし栄一にとっては三井本家よりも、実際にビジネスを取り仕切っている、いわゆる〝番頭〟との関係のほうが重要であったという。

　前出の３人の当主の時代、三井を実質的に取り仕切っていた〝番頭〟を年を追って見ていくと、まず名前があがるのが、三野村利左衛門（１８２１〈文政４〉～１８７７〈明治10〉年）。幕末・維新期の、まさに「三井の大番頭」と呼ばれた人物だ。江戸末期、三井は度重なる幕府の御用金に苦しめられていたが、利左衛門は勘定奉行の小栗忠順との交渉の末、御用金を大幅に減免させたという逸話が残る。明治以降は金融業の発展に尽くし、１８７６（明治９）年には日本初の民間銀行「三井銀行」を開業させている。また井上馨と益田孝が設立し、後に解散させた「先収会社」を引き取り、先収会社副社長だった益田を責任者として新会社を発足させた。これが旧三井物産で、栄一も同社に融資している。利左衛門は、文字がほとんど読めなかったといわれるが、洞察力、行動力に優れ、栄一は利左衛門を高く評価していたという。

　二人目は、先に名前のあがった益田孝（１８４８〈嘉永元〉～１９３８〈昭和13〉年）。１８６３（文久３）年、遣欧使節の一員として初めて渡欧、欧州の進んだ文明に触れた。維新後、井上馨の勧めで大蔵省に入るが、予算をめぐって省内で対立、井上や栄一と共に下野し、井上と先収会社（旧三井物産）を設立。１８７５（明治８）年、先収会社閉鎖後は、三野村利左衛門から声を掛けられ、旧三井物産の初代社長に就任した。１８８８（同21）年、益田は周囲の反対を押し切って、払い下げ入札

## エピソード

### 栄一が関わった三井系企業には現在も続く大企業が続々

栄一が創立に関わった企業は生涯500社にも上るといわれるが、三井系の企業にも、発起人、役員、株主などとして、さまざまに関わっている。今に続く代表的な企業を挙げてみると、本文でも触れた先収会社（旧三井物産）以外に現デンカの電気化学工業、現サッポロビールの札幌麦酒と大日本麦酒、現太平洋セメントの秩父セメント、現三井製糖の台湾製糖、現IHIの東京石川島造船所などがある。

特に、明治前半期は、益田孝とのコンビで、さまざまな展開をしており、栄一が企画・提唱する事業に対し、三井が出資するというパターンが多かったといわれている。

栄一と多くの共同事業を行った、益田孝

が行われた三池炭鉱を落札、翌年、三池炭鉱社（後の三井鉱山）を設立した。この時、後に鉱山事業を「三井のドル箱」と言われるまでに発展させた團琢磨が入社した。

益田と栄一の関係は深く、後に益田が三井を離れても個人で出資者となり、栄一と共に共同事業を行った。

その團琢磨（１８５８〈安政５〉年〜１９３２〈昭和７〉年）は、三井が落札した三池炭鉱の技師であったが、旧三井物産社長・益田孝の熱烈な誘いに応じて三井に入った。入社後は、設立された三池炭鉱社の事務長に就任、１８９３（明治26）年には三井鉱山合名会社の専務理事に、また１９０９（同42）年に、三井財閥の本社として三井合名会社が設立されると参事に、１９１４（大正３）年には、益田の後任として理事長へと昇進し、三井を統率した。團は栄一と共に日米関係委員会等を通してアメリカとの関係の緊密化にも尽力した。

# 安田善次郎

## 一代で金融財閥を築き上げた不世出の天才銀行家

Yasuda Zenjiro

実業家

1838（天保9）年〜1921（大正10）年

富山出身の実業家である安田善次郎は、日本の四大財閥のひとつである安田財閥を作り上げた人物。1838年に富山藩の下級武士の家に生まれた安田は、1858（安政5）年に奉公人として江戸に出る。25歳で独立開業し、翌年からは銭両替も扱う。1866（慶応2）年からは両替商専門の安田商店を構えた。

維新後、発足したばかりの明治新政府は財政難から太政官札を発行した。政府の信用力が低く、額面割れを恐れて市場は扱いに慎重だったが、安田はこれを大量に引き受ける。1869（明治2）年に新政府が正金金札等価通用布告を発したため、安田は差益で莫大な富を手に入れることになる。

それと同時に政府から高い信頼を得た安田は、1876（同9）年に第三国立銀行を設立し、1880（同13）年には安田商店を安田銀行に改め、諸官庁の御用達となる。この安田銀行が、現在のみずほ銀行となる。

1887（同20）年に安田保善社を設立した安田は、銀行業以外にも業務を拡大。鉄道、保険、海運、不動産など、さまざまな事業を展開する。

1904（同37）年には莫大な不良債権を抱えて経営難に陥った第百三十銀行の再建を政府に託され、日本銀行から特別貸付を受けて救済に成功。これ以降、70以上の銀行の経営再建にかかわり、「銀行救済の神様」と呼ばれるようになる。

第一次世界大戦後のバブル崩壊で日本経済が不況に陥り、貧富の差が拡大して世相は殺伐とした様相を呈するようになる。そんな中、1921（大正10）年9月28日、安田は神奈川県大磯町の別邸に面会に来た人物に刺殺される。犯人の国粋主義団体メンバー・朝日平吾は、安田を殺害すると、その場で持っていた短刀で自殺した。朝日は「奸《かん》富《ぷ》安田善次郎巨富ヲ作スト雖《いえど》モ富豪ノ責任ヲ果サズ。（中略）由《よっ》テ天誅ヲ加へ世ノ警《いまし》メト為ス」と書かれた斬奸《ざんかん》状《じょう》を持っていた。

国家予算の8分の1にも匹敵する莫大な個人資産を持つといわれた天才実業家は、暴漢の凶刃により82年の生涯を閉じた。

## 渋沢栄一との関係

### 商売敵であり協力者でもあった安田と栄一

同じ金融業に携わる安田と栄一は、ライバルでもあり協力者でもあった。栄一が手がけた東京瓦斯会社（現東京ガス）、帝国ホテルなどの設立に際して、安田は発起人・出資者として協力している。

安田と栄一の共通の友人として、一代で浅野財閥を築いた浅野総一郎がいる。1912（大正元）年に浅野が立案した「東京湾沿岸部埋立事業」では、栄一と安田が積極的に支援しており、完成まで15年を要する難事業を支え続けた。なお、鶴見臨港鉄道（現JR鶴見線）の「安善駅」は、安田の功績を讃えて命名されたもので、浅野の名前にちなんだ「浅野駅」も存在する。

## 一にも人物、二にも人物、その首脳となる人物如何。

経営難に陥った多くの銀行を再建し、金融を通じて事業家を支え続けた安田は、才能や経験よりも、その人物がいかに信念をもって事業に取り組んでいるかを、重要視していたといわれている。

## エピソード

### 生涯「勤倹貯蓄」を貫き、陰徳を積んだ千両分限者

15歳の頃に大坂の両替商を藩の勘定方奉行が丁重に迎える姿を見て「千両《せんりょう》分限者《ぶげんしゃ》」を目指すと決めた安田は、「他人を頼らない」「ウソを言わない」「収入の2割は非常時に備えて貯蓄する」の3つの誓いを立てたといわれている。この誓いを胸に金融業に邁進した安田は、見込みのない事業への投資や必要以上の融資・寄付を行わなかったため、一部から「吝嗇《りんしょく》」の誹りを受けたが、見込みがあると判断した事業には惜しみなく資金を提供して企業を支え続けた。

また安田は晩年、多額の寄付を行っているが、「陰徳《いんとく》を積む」ことを良しとしており、その多くは匿名で行われた。東京大学の講堂や日比谷公会堂などは、安田の寄付で建てられたものだが、匿名を条件に寄付されたもので、安田の生前はその話が一般に伝わることはなかった。東京大学の講堂は、死後に安田の寄付の話が広まり、現在も「安田講堂」の愛称で呼ばれている。

# 岩崎弥之助

Iwasaki Yanosuke

1851(嘉永4)年～1908(明治41)年

実業家

## 兄の跡を継ぎ、多角的な事業展開で財閥を発展させる

三菱財閥の初代総帥・岩崎弥太郎とは16歳違いの弟。土佐国安芸に生まれる。兄・弥太郎は、弥之助を特別にかわいがったと伝えられる。1872(明治5)年に米国コネチカット州の小さな全寮制学校に17カ月間留学。英語、ピューリタン精神、民主主義について学んだとされる。

1873(同6)年、父・弥次郎の死に伴い帰国し、三菱商会に入社して兄・弥太郎を助けた。高島炭坑買い取りの際には積極的に取り組んで契約を成立させ、後に三菱の主力事業となる同炭坑の礎を築く。1885(同18)年、兄・弥太郎が亡くなると、社長に就任。海運業を切り離して三菱社を発足させ、多角的に事業を手がけていった。1890(同23)年には、丸の内と神田三崎町の約10万7000坪に及ぶ官有地を、政府の要請により購入。丸の内に洋風建築の商業中心地を築いた。1894(同27)年に弥太郎の長男・久弥に社長の座を譲り、自身は相談役となって若くして就任した社長を支える。2年後に日本銀行総裁に就任、1897(同30)年3月の金本位制採用の決定に関わった。その後も51歳で欧米を9カ月にわたって訪問するなど精力的に活動した。

### エピソード

**弥之助、小弥太の親子2代で東洋の文化財を収集**

明治期、軽視されがちだった東洋の文化財の散逸を惜しんだ弥之助は、自ら収集を始め1892(明治25)年、「静嘉堂」を設立(後に長男・小弥太が引継ぎ拡充した)。現在は静嘉堂文庫美術館として国宝7点、重要文化財84点を含む古典籍、東洋古美術品を収蔵している。

# 浅野総一郎

Asano Soichiro

1848(嘉永元)年～1930(昭和5)年

実業家

## 〝セメント王〟と呼ばれ、一代で財閥を築いた実業家

1848年、越中国藪田(現富山県氷見市)で医者・浅野泰順の子として誕生。郷土の大商人・銭屋五兵衛にあこがれて、十代で起業する。1871(明治4)年、東京へ出る。薪炭商としてコークスの売り込みで成功。その後、渋沢栄一の知遇を得て将来が開けた。1884(同17)年、栄一の後押しを受けて官営深川セメント製造所の払い下げに成功。浅野セメント(現太平洋セメント)を設立、「日本のセメント王」と呼ばれるまでになった。1896(同29)年、東洋汽船を設立、日本初の太平洋定期航路を開設すると、1913(大正2)年には鶴見、川崎沿岸の埋め立てに着手。現在の京浜工業地帯の一部はこの時に作られた。

安田財閥の創設者・安田善次郎からの資金援助を受けて、海運、鉱山、造船、製鉄、電力、貿易など、多角的に事業を展開し、一代で浅野財閥を築き上げた。浅野と安田の関係は、「浅野はエンジンで、安田は石炭」などと言われたという。

神奈川県鶴見の総持寺移転に際しては、敷地の提供もした。総一郎が立ち上げた事業は生涯100に迫り、アスファルト舗装など、日本初の事業が数多くある。

**エピソード**

### 日本で初めて公衆トイレを作ったのも浅野総一郎

総一郎が日本で初めて作ったものは数多いが、意外なものに公衆トイレがある。神奈川県から数千円の借金をした総一郎は63カ所に公衆トイレを設置。たまった糞尿を回収し、肥料として販売し利益を得たというからさすがだ。

# 大川平三郎

Okawa Heizaburo

1860（万延元）年～1936（昭和11）年

実業家

## 渋沢栄一の門番から製紙王へと出世を果たす

川越藩横沼村（後の三芳野村、現埼玉県坂戸市）で剣道場を開いていた大川修三の子として生まれる。母は尾高惇忠の妹・みち子。惇忠、みち子の妹・千代は渋沢栄一の最初の妻である。平三郎は13歳の時に上京して叔父の栄一の書生として雑用をこなしながら、壬中義塾や大学南校（現東京大学）で学ぶが、実家困窮から、学業を断念。1875（明治8）年に栄一が中心となり設立した抄紙会社に16歳で入社する。欧米に渡航し製紙技術を習得、製紙法の改良に尽力した。専務就任後、三井財閥が王子製紙の株式を買い占めたことから栄一が会長を退任、平三郎も退社する。

退社後は、王子製紙で身につけた製紙の知識や技術を武器に九州製紙、樺太工業などの製紙会社を設立。さらに製紙業から発展させ、セメント、製鋼、化学、電力、鉄道など、実に80以上の事業を展開し、実業界で確固たる地位を築いた。

1928（昭和3）年には、産業界への貢献が評価され、貴族院議員に選任され、勲三等瑞宝章を受章。1934（昭和9）年には旭日中綬章を受けた。1936年、死去。栄一の門番から製紙王に駆け上がった波瀾万丈の一生だった。

### エピソード

**平三郎が行った郷里・三芳野村への惜しみない支援**

平三郎は郷里の三芳野村のため、私財をつぎ込んで支援を行った。教育や消防施設購入を始め、小畔川の氾濫による水害を防ぐため私費で堤防も築いている。また、私財で大川育英会を立ち上げ学生へ奨学金を提供。この財団は渋沢栄一も創設から支えた。

# 高橋是清

Takahashi Korekiyo

1854（嘉永7）年～1936（昭和11）年

仙台藩士・官僚・実業家・政治家

## 蔵相として手腕を発揮するが、二・二六事件で暗殺される

幕府御用絵師の子として生まれ、仙台藩の足軽の養子となる。11歳で横浜に出て英語を勉強し、1867（慶応3）年、藩費留学生として渡米。留学先では奴隷として売られるなど苦労を重ね、1868（明治元）年、帰国。森有礼の書生となり、大蔵省、文部省、農商務省に出仕、初代特許局長を務める。1889（同22）年に職を辞し、ペルーの銀山開発に乗り出すが失敗。

1892（同25）年に日本銀行入行。1899（同32）年、副総裁となり、日露戦争の戦費調達で功績をあげ男爵の爵位を授かる。1911（同44）年、日銀総裁に就任。1913（大正2）年、政界に転じ、政友会に入党し山本権兵衛内閣、次いで原敬内閣の蔵相となる。1921（同10）年、原敬の暗殺後は首相に就任。以後、田中義一、犬養毅、斎藤実、岡田啓介の各内閣で蔵相を務めた。1927（昭和2）年の金融恐慌の際は、金融債務の返済猶予（モラトリアム）によりこれを乗り切る。1930（同5）年の昭和恐慌も蔵相として金輸出再禁止や大量の国債発行など景気刺激策を実施し、財政家として手腕を発揮。だが軍部の軍事費拡大要求を受け入れず、1936年、青年将校らによる二・二六事件で暗殺された。

**エピソード**

### 是清が「天佑」と語ったアメリカ人金融業者との出会い

日露戦争の戦費調達のため、日銀副総裁だった是清は米英両国に渡る。このとき外債募集に応じたのがアメリカの金融業者ジェイコブ・シフだった。後に是清はシフとの出会いを「天佑」と語っている。シフはこの功績により勲一等旭日大綬章を与えられた。

# 田中平八

## 生糸売り込みで財を成した、人呼んで〝天下の糸平〟

Tanaka Heihachi

1834（天保5）年～1884（明治17）年

実業家・相場師

信濃国伊那郡赤須村（現長野県駒ケ根市）の農家に生まれる。1846（弘化3）年頃、飯田城下に奉公に出、1852（嘉永5）年、田中家の婿養子となる。幕末の確かな動向は不明だが、江戸へ出て剣術道場・斎藤弥九郎の門をたたき、清河八郎らと親交があったという話や、失敗や成功を繰り返しながら、横浜で外国人相手に生糸や茶の取引を行っていたという話が残る。一方、尊王攘夷派の水戸天狗党の挙兵に参加、捕らえられたりもしている。

1865（慶応元）年、横浜で両替商と生糸売り込みを行う糸屋を開業、財を成し、「糸屋の平八」「糸平」として知られるようになる。1876（明治9）年には東京に田中組を設立。

1878（同11）年、平八らの協力のもと、渋沢喜作らを発起人として東京株式取引所を設立、平八は株の売買でも才を発揮し、第百十二国立銀行を設立して生糸取扱の他、金融業でも辣腕をふるった。1883（同16）年に東京兜町の東京米商会所（現東京穀物商品取引所）初代頭取に就任。

栄一は回顧録の中で、維新当時の財界三傑として三野村利左衛門、古河市兵衛とともに「天下の糸平」の異名をとった平八を挙げている。

### エピソード

**東京墨田区の寺に、伊藤博文の揮ごうによる石碑が建立**

晩年には静養先の熱海で私財を投じて水道を敷設したほか、小田原―熱海間の電話線を架設するなど幅広い社会貢献も行った。こうした功績が評価され、1891（明治24）年、東京墨田区の木母寺に伊藤博文が揮ごうした「天下之糸平」の石碑が建立された。

# 古河市兵衛

Furukawa Ichibei

1832（天保3）年～1903（明治36）年

実業家

## 古河財閥を築き上げた「鉱山王」

古河財閥の創始者。京都で代々庄屋の家に生まれるが、生家はすでに没落し、豆腐販売を生業としていた。18歳で盛岡の叔父を頼り、同地の鴻池支店に勤め、生糸買い付けに携わる。1858（安政5）年、当地を訪れた小野組番頭の古河太郎左衛門に見出されて養子となり、江戸で養父に代わり生糸業を営む。横浜開港を機に、生糸輸出に利を見出し、本店に無断で輸出を行って巨大な利益を生んだ。さらに生糸の品質改良に乗り出した市兵衛は、1870（明治3）年、横浜の貿易商シーベルと組み機械を輸入。前橋の製糸所にいた技師ミューラーを招き、東京築地に小野組製糸場を開業した。だがこの事業は軌道に乗らず、1873（同6）年に製糸場は閉鎖。1874（同7）年には小野組は破産する。

その後、鉱山業に転身。元相馬中村藩主を名義人にして、新潟県の草倉銅山の管理に当たるとともに、自ら鉱山を購入。1877（同10）年に栄一らとともに足尾銅山を買収し、以後69の鉱区を所有して古河財閥を築き上げ、「鉱山王」と称された。1900（同33）年、従五位に叙せられて宮中に参内する折には、栄一に介添えを頼み、髷を切り世間の話題となったという。72歳で没。

### エピソード

#### 革新的技術の導入で足尾銅山を日本有数の銅山へ

出世願望が強かったとされる古河市兵衛。小野組番頭時代から鉱山経営に興味を持っていたという市兵衛は、渋沢栄一と知遇を得、資金援助を受けながら鉱山を買収。とくに足尾銅山経営には革新的技術の導入で、廃山同然の銅山を日本有数の銅山に復活させた。

# 三島中洲

Mishima Chushu

1831（文政13）年～1919（大正8）年

漢学者・法律家

## 論語を通じて栄一の思想にも影響を与えた漢学者

　本名は毅、中洲は号。1830年、備中中島村（現岡山県倉敷市）に生まれる。14歳で備中松山藩の山田方谷に、23歳の時、津藩の斎藤拙堂に儒学を学ぶ。その後、江戸に出て、昌平黌で佐藤一斎、安積艮斎《ごんさい》に教えを受ける。帰郷して備中松山藩に出仕し、藩校・有終館の学頭となった。1861（文久元）年に備中松山城下に漢学塾・虎口渓舎《ここうけいしゃ》を開く。備中松山藩主・板倉勝静が老中になると、顧問となった師・山田方谷と共に勝静を補佐した。

　1872（明治5）年、新政府からの命で、司法省に出仕、新治裁判所長、東京裁判所、大審院判事などを歴任した後、1877（同10）年に、大審院を退官。西洋の思想、学問が世を席巻する中、東洋思想を学ぶことの重要性を唱え、同年に二松學舎（現二松学舎大学）を創立し、漢文学界に貢献した。後に東京師範学校、東京大学の教授、宮中顧問官などを歴任した。

　栄一は、「義利合一論」（義に則った利益の得方・使い方が重要とする論）を唱えた中洲と意気投合。その後も論語を通じて交流を深め、三島の死後、1919年には二松學舎の舎長に就任。経営にも深く関わった。

### エピソード

**宮中の信頼も厚かった明治3大文章家の1人**

　宮中の信頼も厚かった三島は、東宮侍講として皇太子の教育にあたった他、宮中顧問官なども歴任した。また、三島は漢学者・歴史家の重野安繹、同じく漢学者で備中松山藩で苦労を共にした川田甕江と共に、明治の三大文宗（文章家）に数えられている。

# 山城屋和助

Yamashiroya Wasuke

1837（天保8）年～1872（明治5）年

商人

## 山県有朋の庇護を受けた陸軍御用商人

1837年、周防国の医者の息子として生まれる。本名は三千三《みちぞう》。1863（文久3）年、高杉晋作が創設した奇兵隊に入隊。下関砲撃事件、戊辰戦争などに参加し活躍した。維新後は商人に転じ、山城屋和助と名前を変え、陸軍の御用商人として新たな人生をスタートさせる。山県有朋の庇護を受け、陸軍省から巨額の金を借り入れて、生糸の輸出貿易を始めるが、後に生糸相場が暴落して借金の返済が不能となり、1872年、陸軍省で割腹自殺した。

### 渋沢栄一を演じた俳優は実力派ぞろい！

2021年のNHK大河ドラマ『青天を衝け』は、人気の俳優・吉沢亮が渋沢栄一に扮するが、これまでにはどんな俳優が演じてきたのだろうか。

栄一を主人公にすえたドラマでは、1978年の『雲を翔びこせ』（TBS系）で、西田敏行が青年期の栄一を瑞々しく演じた。ちなみにこの作品、尾高長七郎にはあのチャーがキャスティングされている。1982年にはNHKドラマスペシャル枠で城山三郎原作の『雄気堂々』が主演・滝田栄でドラマ化。当時、小柄な栄一に長身の滝田が扮することが話題になった。他に栄一が登場するドラマとしては、1971年放送の『天皇の世紀』（朝日放送制作）で山本亘、1980年の大河ドラマ『獅子の時代』で角野卓造、2015年の朝ドラ『あさが来た』では三宅裕司が演じている。意外なところでは、荒俣宏の原作小説が大ヒットし、1988年に映画化された『帝都物語』に登場する栄一を勝新太郎が怪演。2010年の映画『さくら、さくら〜サムライ化学者・高峰譲吉の生涯』では松方弘樹が好演している。

いずれ劣らぬ実力派俳優が演じている渋沢栄一。あなたのイメージに一番ピッタリなのは誰!?

# 小野善助

Ono Zensuke

1831（天保2）年～1887（明治20）年

実業家

## 政府為替方として日本初の銀行設立に参画

京都烏丸通で生糸販売や両替商を営む豪商・井筒屋の8代目として生まれる。1870（明治3）年、名称を小野組と改変し、翌年、関西鉄道会社創立時に副頭取に就く。1873（同6）年には、三井組の三井高福とともに日本初の銀行・第一国立銀行設立に参画し、取締役に就任。善助は同銀行の資金を運用して、製糸業など多方面の経営に着手した。

1874（同7）年、政府は為替方に無利子・無期限で貸し付けていた国庫金に担保を供託する方針を打ち出す。このため第一国立銀行から、無利子・無期限で多額の資金の貸し付けを受けて事業を行っていた小野組は大打撃を被り、善助は御用御免を申し出、以後、急速に没落していった。

京都烏丸通

# 小野光景

Ono Mitsukage

1845（弘化2）年～1919（大正8）年

実業家

## 横浜商法会議所の会頭を務めた実業家

1845年、貿易商として草創期の横浜で活躍し、横浜開港の創始者ともいわれた小野光賢の子として信州に生まれる。高遠藩校・進徳館で学び、後、横浜に出て父の仕事を手伝う。

1882（明治15）年、横浜商法学校（現横浜商業高校）を創立。翌年、生糸の輸出を行う小野商店を開業。後に横浜正金銀行頭取、横浜商法会議所会頭、貴族院議員などを務めた。また郷里の発展にも尽くし、私財を投じて駅や学校等を建てた。1919年、死去。

# 高峰譲吉

Takamine Jokichi

1854（嘉永7）年〜1922（大正11）年

実業家・化学者

## 栄一の米国人脈をサポートした科学者

1854年、漢方医・高峰精一の長男として越中国高岡（現富山県高岡市）に生まれる。1865（慶応元）年、長崎に留学、1868（明治元）年には大阪の適塾に学ぶ。東大工学部の前身・工部大学校で応用化学を学ぶ。1880（同13）年イギリスへ留学後、農商務省に入省。栄一とは、高峰が東京人造肥料会社設立時に支援したことから交流が始まった。その後、アメリカへ渡った高峰は、栄一の訪米の際にサポート役を務めた。栄一を始め、日米の財界人の交流に尽力した。

# 中野武営

Nakano Takenaka

1848（弘化5）年〜1918（大正7）年

政治家・実業家

## 多くの財界活動を共にした栄一の盟友

実業界での栄一の盟友と呼ばれた中野武営。1848年、高松藩勘定奉行・中野次郎兵衛武憲の長男として高松城下に生まれる。維新後、農商務省に出仕。明治十四年の政変で、大隈重信に従い辞職。その後、立憲改進党創立に参画した。政治家として活躍すると共に関西鉄道社長、東京株式取引所理事長等、実業界でも活躍。1905（明治38）年に栄一の後を継ぎ第2代東京商業会議所会頭。栄一とは多くの財界活動を共にし、最も信頼した財界人の一人といわれる。

# 新渡戸稲造

Nitobe Inazo

1862（文久2）年～1933（昭和8）年

教育者・農政学者

## 米国通として栄一の財界活動をサポート

1862年、南部藩士・新渡戸十次郎の三男として盛岡で誕生。札幌農学校で学び、内村鑑三らとキリスト教に入信。欧米に留学して農業経済学を修める。帰国後は一高校長、東京帝大の教授などを経て、1918（大正7）年、東京女子大学初代学長。1933年にカナダにて死去。新渡戸は栄一がアメリカの知識人と交流をする際の協力者の一人で、日露戦争後、悪化した日米関係改善のために栄一が立ち上げた日米関係委員会などの中心的人物でもあった。著書に「武士道」など。

# 原善三郎

Hara Zenzaburo

1827（文政10）年～1899（明治32）年

実業家・政治家

## 横浜商法会議所会頭も務めた横浜財界のリーダー

幕末・明治期の横浜生糸売り込み商。1827年、武蔵国児玉郡渡瀬村（現埼玉県神川町）に生まれる。1862（文久2）年頃、横浜で生糸売り込み問屋・亀屋を開業。日本の主要貿易品だった生糸の取扱いで財を成し、横浜経済界のリーダー的存在となる。第二国立銀行頭取、横浜商法会議所会頭などを歴任。1892（明治25）年、衆議院議員、1897（同30）年、貴族院議員に。1899年死去。屋敷跡は横浜の野毛山公園、三渓園として現在も残されている。

# 福沢桃介

Fukuzawa Momosuke

## 電力事業に力を注ぎ「電力王」と呼ばれた

1868(慶応4)年〜1938(昭和13)年
実業家

慶應義塾在学中に福沢諭吉の二女・ふさの娘婿となり、岩崎姓を改め福沢桃介と名乗る。アメリカ留学後、北海道炭鉱鉄道に入社。1895(明治28)年に退社し、その後は相場師として成功を収める。1909(同42)年、株式投資で得た利益を元手に松永安左衛門と福博電気軌道を設立。以後は電力事業に注力し、日本瓦斯会社、名古屋電灯、大同電力(現関西電力)社長などを歴任。電源開発にも乗り出し、電力王と呼ばれた。放蕩な遊び人としても知られ、川上貞奴との艶聞で世間を騒がせた。

# 茂木惣兵衛

Mogi Sobei

## 原善三郎とトップを競った生糸売り込み商

1827(文政10)年〜1894(明治27)年
実業家

上野国群馬郡高崎(現群馬県高崎市)の質商に生まれる。1859(安政6)年、横浜の生糸売り込み問屋に入る。1864(元治元)年、生糸売り込み商・野沢屋茂木商店を開き、原善三郎の亀屋と並ぶトップクラスの横浜生糸売り込み問屋に成長させた。維新後には金融業にも手を広げ、生糸生産振興を主な目的に設立された第二国立銀行副頭取、第七十四国立銀行の頭取となった。商売で得た利益を常に公共のために投じ、熱海の梅園や遊歩道公園などの造営に出資した。

# 和田豊治

Wada Toyoji

1861（文久元）年〜1924（大正13）年

実業家

## 日本紡績界の巨頭と呼ばれた財界の世話役

1861年、中津藩士の家に生まれる。慶応義塾を卒業後、アメリカに渡る。1891（明治24）年にアメリカから帰国し、三井銀行に入行。1893（同26）年、鐘淵紡績支配人、1916（大正5）年、富士紡績社長に就任。鐘紡の武藤山治とともに日本紡績界の巨頭と言われた。栄一が関係した明治神宮奉賛会の理事長を務めたほか、理化学研究所の創設などに関わり、日本工業倶楽部等の経済団体の理事も務めた。栄一は「財界の世話役」として期待していたという。

### 新一万円札の肖像に栄一が決まった理由

2019年4月に財務省は、千円札、五千円札、一万円札の図柄を2024（令和6）年度上期に一新すると発表した。新紙幣の表の図柄は、千円札が日本の近代医学の父と呼ばれ、感染症予防や細菌学の発展に寄与した北里柴三郎。五千円札が津田塾大学の創始者、津田梅子。そして一万円札が、日本の資本主義の生みの親・渋沢栄一である。一万円札の人物が変わるのは、1984（昭和59）年に聖徳太子から福沢諭吉になって以来のことだ。麻生太郎財務大臣は新紙幣についての発表の席で、紙幣の肖像になる条件として、①偽造防止の観点から、なるべく精巧な写真を入手できること、②紙幣にふさわしい品格のある肖像であること、③国民各層に知られており、その業績が広く認められていることの3点を挙げている。また、財務省はこの3人を選定した理由を「それぞれの分野で傑出した業績を残すとともに、（略）新たな産業の育成、女性活躍、科学の発展といった面からも日本の近代化をリードし、大きく貢献した方々」で、3人とも「紙幣の肖像としてふさわしい」と説明している。ちなみに栄一は1963年の新千円札の肖像候補にも挙がったが、その時は長い親交があり尊敬していたという伊藤博文に決まっている。

# 渋沢栄一歴史年表

＊年齢は満年齢。海外での出来事と明治6年以降は新暦
＊参考文献『渋沢栄一を知る辞典』（東京堂出版）、渋沢栄一記念財団HP「渋沢栄一年譜」、渋沢史料館『常設展図録』

| 西暦 | 和暦 | 年齢 | 栄一関連の出来事 | 世の中の出来事 |
|---|---|---|---|---|
| 1840 | 天保11 | 0 | 旧暦2月13日、武蔵国榛沢郡安部領血洗島村（現埼玉県深谷市血洗島）に生まれる。生家は製藍・養蚕を家業とした渋沢家の中の家。父は市郎右衛門、母は栄。幼名は市三郎 | 6月、アヘン戦争勃発 |
| 1847 | 弘化4 | 7 | 従兄の尾高惇忠から漢籍を学ぶ | |
| 1851 | 嘉永4 | 11 | 剣術に入門する | |
| 1853 | 嘉永6 | 13 | 栄一は家業の畑作、養蚕、藍葉の買い入れ、藍玉の製造・販売に励む | 6月、アメリカのペリーが浦賀に来航 |
| 1854 | 安政元 | 14 | 尾高惇忠の弟で従兄の長七郎が江戸へ出る。 | 嘉永7年3月、日米和親条約調印 |
| 1856 | 安政3 | 16 | 市郎右衛門の代理で赴いた岡部藩主・安部摂津守の陣屋で、用金の命を受ける。傲慢な代官に憤る | |
| 1858 | 安政5 | 18 | 尾高惇忠の妹で、従妹の千代と結婚 | 6月、日米修好通商条約調印<br>安政の大獄始まる |
| 1860 | 万延元 | 20 | | 安政7年3月、桜田門外の変 |
| 1861 | 文久元 | 21 | 江戸の海保漁村の塾で儒学を、北辰一刀流の千葉栄次郎の道場で学ぶ | |
| 1862 | 文久2 | 22 | 8月、長女の宇多子（歌子）が誕生 | 1月、坂下門外の変 |
| 1863 | 文久3 | 23 | 9月、江戸で一橋家用人の平岡円四郎と知り合う<br>10月、尾高惇忠、渋沢喜作らと高崎城乗っ取り、横浜焼き討ちを計画するが、尾高長七郎の反対で中止する<br>11月、喜作と共に京都に向かう | 5月、下関事件<br>8月、八月十八日の政変 |
| 1864 | 元治元 | 24 | 2月、平岡円四郎の推挙で一橋家に出仕、御用談所下役となる | 3月、天狗党が挙兵 |

| | | | | |
|---|---|---|---|---|
| 1864 | 元治元 | 24 | 6月、平岡が攘夷派の水戸藩士により暗殺される | 7月、禁門の変（蛤御門の変）<br>8月、四国艦隊下関砲撃事件 |
| 1865 | 慶応元 | 25 | 2月、兵制改革を進言し、一橋家歩兵取立御用掛を申しつけられる。備中、播州など領内に出張して歩兵を集める<br>8月、財政改革のため、年貢米、播州木綿の販売方法、硝石製造の改善を建言 | |
| 1866 | 慶応2 | 26 | 12月、徳川慶喜が征夷大将軍に就任、喜作と共に幕臣となる | 1月、薩長同盟成立<br>6月、第二次長州征伐 |
| 1867 | 慶応3 | 27 | 1月、慶喜の弟・徳川昭武のパリ万博使節団の随員としてフランスに渡航。出立に先立ち、従弟の尾高平九郎を見立養子にする | 10月、大政奉還<br>12月、王政復古の大号令 |
| 1868 | 慶応4（明治元） | 28 | 5月、飯能戦争で喜作が率いる振武軍が敗れ、養子の平九郎が自害<br>11月、明治維新によりフランスより帰国<br>12月、徳川慶喜と静岡で面会。静岡藩勘定組頭に任命される | 1月、鳥羽・伏見の戦いで戊辰戦争始まる<br>4月、江戸城無血開城<br>5月、上野戦争 |
| 1869 | 明治2 | 29 | 1月、静岡で、商法会所を設立。3月、妻子を静岡に呼ぶ<br>11月、明治政府に出仕、民部省租税正に任ぜられる。同月、民部省に改正掛が新設され、掛長を兼務<br>12月、妻子を静岡から東京に呼び寄せる | 5月、榎本武揚降伏、戊辰戦争終結<br>9月、徳川慶喜、謹慎を解かれる |
| 1870 | 明治3 | 30 | 2月、次女の琴子が生まれる<br>8月、制度取調御用掛を兼務する。大蔵少丞、従六位<br>閏10月、官営富岡製糸場事務主任となる | |
| 1871 | 明治4 | 31 | 2月、宮中養蚕所を設ける<br>4月、改正掛長として関与した戸籍法が交付。度量衡規則を立案<br>7月、廃藩置県に伴う藩札の時価交換を準備。8月、大蔵太丞に任ぜられる<br>9月、「立会略則」を発刊。11月、父の市郎右衛門が死去<br>12月、紙幣寮紙幣頭を兼任する | 3月、郵便制度開始<br>5月、新貨条例<br>7月、廃藩置県、文部省設置<br>11月、岩倉使節団、欧米へ出発 |

| | | | | |
|---|---|---|---|---|
| 1872 | 明治5 | 32 | 2月、大蔵大丞を免ぜられ、大蔵少輔事務取扱を命じられる<br>4月、井上馨と太陽暦採用を建議、採用に至る<br>10月、長男の篤二が誕生<br>11月、栄一草案の国立銀行条例が発布される。抄紙会社設立を出願 | 2月、福沢諭吉『学問のすゝめ』刊行<br>9月、新橋―横浜間で鉄道開業<br>10月、富岡製糸場開業<br>12月、太陽暦を採用 |
| 1873 | 明治6 | 33 | 2月、抄紙会社設立許可（代表取締に。後に王子製紙株式会社となる）<br>5月、大蔵省退官<br>6月、第一国立銀行創立（翌月開業）、総監役に就任する | 7月、地租改正条例公布<br>9月、岩倉使節団帰国<br>10月、明治六年の政変 |
| 1874 | 明治7 | 34 | 11月、東京府知事より東京会議所共有金取締を嘱託される | 2月、佐賀の乱 |
| 1875 | 明治8 | 35 | 8月、第一国立銀行頭取に就任<br>11月、森有礼創立の商法講習所が東京会議所に移管<br>12月、東京会議所会頭兼行務科頭取となる | 4月、元老院、大審院、地方官会議設置 |
| 1876 | 明治9 | 36 | 5月、東京府より養育院事務長（後に院長）、瓦斯局事務長を申し付けられる | 3月、廃刀令 |
| 1877 | 明治10 | 37 | 7月、択善会創立（1890年、東京銀行集会所に） | 2月、西南戦争始まる（9月終結） |
| 1878 | 明治11 | 38 | 3月、東京商法会議所を創立（8月に会頭に）。<br>6月、東京株式取引所開業。8月、王子飛鳥山に別荘着工 | 5月、紀尾井坂の変（大久保利通暗殺） |
| 1879 | 明治12 | 39 | 1月、福田会設立、会計監督に。7月、東京海上保険会社創立<br>8月、元アメリカ大統領のグラント将軍夫妻歓迎会の接待委員長を務める | 1月、東京学士会院創設<br>9月、教育令公布 |
| 1880 | 明治13 | 40 | 1月、博愛社（後の日本赤十字社）創立。足尾銅山組合に加盟、出資<br>10月、大阪紡績会社創立世話掛を務める | 3月、国会期成同盟発足<br>6月、東京代言人組合設立 |
| 1881 | 明治14 | 41 | 3月、ハワイ国皇帝カラカウァが飛鳥山に栄一を訪問 | 9月、渋沢喜作ら横浜連合生糸荷預所開設 |
| 1882 | 明治15 | 42 | 4月、長女の歌子が法学者（後に政治家）の穂積陳重と結婚<br>7月、妻の千代がコレラで死去 | 4月、大隈重信が立憲改進党結党<br>10月、日本銀行開業 |
| 1883 | 明治16 | 43 | 1月、伊藤兼子と再婚する。3月、大阪紡績会社相談役となる<br>11月、東京商工会が創立、選挙で会頭に就く | 7月、鹿鳴館落成（11月に開館）<br>日本鉄道（上野―熊谷間）開業 |

| | | | | |
|---|---|---|---|---|
| 1884 | 明治17 | 44 | 6月、東京商業学校の校務商議委員に就任<br>7月、浅野セメント工場成立に際し、経営を援助する<br>8月、磐城炭礦社設立、会長となる<br>10月、日本鉄道会社の理事委員となる（後に取締役） | 6月、日本初の天気予報発表<br>7月、華族令制定<br>10月、秩父事件 |
| 1885 | 明治18 | 45 | 2月、ジャパン・ブリュワリー・コンパニー・リミテッド設立<br>10月、日本郵船会社創立（1893年に取締役）。東京瓦斯会社設立、創立委員長となる（1894年に取締役会長） | 5月、日本銀行券発行開始<br>12月、内閣創設。初代内閣総理大臣に伊藤博文が就任 |
| 1886 | 明治19 | 46 | 4月、渋沢邸に寄宿する若者のための竜門社（後の渋沢栄一記念財団）創立<br>7月、東京電灯会社設立（後に委員）<br>12月、三男・武之助誕生 | 1月、北海道庁設置 |
| 1887 | 明治20 | 47 | 2月、東京人造肥料会社創立委員となる（後に取締役会長）<br>10月、発起人として日本煉瓦製造会社を創立（後に取締役会長）<br>11月、帝国ホテル創立にあたり発起人総代を務める（後に取締役会長）<br>12月、東京手形取引交換所委員となる | 3月、所得税法公布<br>12月、保安条例公布 |
| 1888 | 明治21 | 48 | 1月、札幌麦酒会社創立に際し、発起人総代となる（後に取締役会長）<br>2月、次女の琴子、大蔵官僚の阪谷芳郎（後の大蔵大臣、東京市長）と結婚<br>9月、開校した東京女学館の会計監督を務める（後に館長）<br>11月、四男・正雄が生まれる | 1月、日本標準時実施<br>4月、市制・町村制公布<br>枢密院設置 |
| 1889 | 明治22 | 49 | 1月、東京石川島造船所創立（後に取締役会長）<br>3月、門司築港会社創立、相談役に。6月、田川採炭会社創立、相談役に | 2月、大日本帝国憲法公布<br>7月、東海道本線全通 |
| 1890 | 明治23 | 50 | 7月、三女の愛子が誕生<br>9月、貴族院議員に任ぜられる | 4月、商法公布<br>11月、第一回帝国議会開会 |
| 1891 | 明治24 | 51 | 3月、東京交換所を創立、委員長となる<br>7月、東京商業会議所会頭に。10月、貴族院議員を辞職 | 3月、度量衡法公布<br>12月、足尾鉱毒事件 |

| | | | | |
|---|---|---|---|---|
| 1892 | 明治25 | 52 | 6月、東京貯蓄銀行を創立、取締役に就任（後に取締役会長）<br>10月、五男・秀雄が生まれる | 6月、鉄道敷設法成立<br>11月、伝染病研究所設立 |
| 1893 | 明治26 | 53 | 12月、東京帽子株式会社を設立し、取締役会長に。暴漢に襲われる<br>翌年にかけて、東京人造肥料株式会社、東京石川島造船所、王子製紙株式会社、帝国ホテル株式会社、東京瓦斯株式会社、札幌麦酒株式会社などの取締役会長に就任。また、法典調査会査定委員、貨幣制度調査会委員なども務める | 8月、「君が代」制定<br>9月、官営富岡製糸場の払い下げ決定 |
| 1894 | 明治27 | 54 | 11月、顔面上皮癌手術を受ける | 8月、日清戦争 |
| 1895 | 明治28 | 55 | 1月、北越鉄道会社の創業で、監査役に就任 | 4月、日清講和条約（下関条約）調印 |
| 1896 | 明治29 | 56 | 1月、日本精糖株式会社創立、取締役に<br>9月、営業満期国立銀行処分の公布により、第一国立銀行が株式会社第一銀行として新発足する。栄一は引き続き頭取となる<br>12月 内閣より日本勧業銀行設立委員に任命される | 6月、明治三陸地震津波<br>10月、川崎造船所設立 |
| 1897 | 明治30 | 57 | 3月、澁澤倉庫部開業（後に澁澤倉庫会社）<br>5月、広島水力電気株式会社設立、取締役会長に就任 | 3月、貨幣法公布、金本位体制確立<br>7月、労働組合期成会結成 |
| 1898 | 明治31 | 58 | 4月、韓国視察、翌月に皇帝に謁見<br>9月、王子製紙取締役会長から退き、相談役に | 6月、初の政党内閣、大隈内閣成立 |
| 1899 | 明治32 | 59 | 5月、大蔵省より北海道拓殖銀行設立委員を任じられる。韓国の京仁鉄道合資会社を設立し、取締役社長に就任 | 2月、東京—大阪間に電話開通 |
| 1900 | 明治33 | 60 | 3月、内閣から日本興業銀行設立委員に任命される<br>5月、男爵を授けられる | 6月、清で義和団の乱<br>9月、伊藤博文が立憲政友会結党 |
| 1901 | 明治34 | 61 | 1月、尾高惇忠が深川区福住町の栄一の別邸で死去<br>4月、日本女子大学校の開校に際し、会計監督を務める（1931年に校長）<br>5月、井上馨からの大蔵大臣就任要請を断る。飛鳥山邸を本邸にする<br>7月、韓国の京釜鉄道株式会社取締役会長に就任 | 2月、官営八幡製鉄所操業開始<br>5月、片山潜ら社会民主党結成 |

| | | | | |
|---|---|---|---|---|
| 1902 | 明治35 | 62 | 5月、夫人同伴で欧米視察旅行。アメリカのセオドア・ルーズベルト大統領と面会した他、イギリス、ベルギー、ドイツ、イタリアを経て、9月に帰国する | 1月、日英同盟調印<br>6月、徳川慶喜が公爵となる |
| 1904 | 明治37 | 64 | 3月、風邪をこじらせて長期静養する | 2月、日露戦争 |
| 1906 | 明治39 | 66 | 1月、阪谷芳郎が大蔵大臣になる。3月、大日本麦酒株式会社設立、取締役に<br>7月、南満州鉄道株式会社設立委員。8月、京阪電気鉄道会社創立委員長 | 3月、鉄道国有法公布 |
| 1907 | 明治40 | 67 | 2月、帝国劇場創立、取締役会長になる<br>6月、慶喜公伝編纂が開始される | 4月、刑法公布<br>6月、ハーグ密使事件 |
| 1908 | 明治41 | 68 | 9月、日韓瓦斯株式会社創立、取締役会長に就任<br>10月、中央慈善協会会長に就任。アメリカ太平洋沿岸の実業家を日本へ招待 | 4月、第1回ブラジル移民<br>11月、清の光緒帝と西太后が死去 |
| 1909 | 明治42 | 69 | 6月、古稀を機に第一銀行、東京貯蓄銀行を除く多くの企業、団体の役職から退く<br>8月、渡米実業団団長として2度目の訪米（12月帰国） | 10月、伊藤博文、ハルビンで暗殺される<br>11月、三井合名会社設立 |
| 1910 | 明治43 | 70 | 4月、政府諮問機関の生産調査会が設立され、副会長に就任<br>8月、社団法人東京銀行集会所会長に就任<br>12月、三女の愛子が後の第一銀行頭取となる明石照男と結婚 | 5月、大逆事件（翌年1月、幸徳秋水ら死刑執行）<br>8月、韓国併合 |
| 1911 | 明治44 | 71 | 8月、勲一等瑞宝章を受章（'15年に旭日大綬章、'28年旭日桐花大綬章） | 10月、清で辛亥革命 |
| 1912 | 明治45（大正元） | 72 | 6月、日本女子大学創立者の成瀬仁蔵らと、宗教者の相互理解を促進する帰一協会を発足。ニューヨーク日本協会協賛会の名誉会長となる。<br>8月、渋沢喜作が死去 | 7月、ストックホルム五輪に日本初参加<br>明治天皇崩御、大正天皇即位 |
| 1913 | 大正2 | 73 | 2月、日本結核予防協会の副会頭になる（後に会頭）<br>10月、日本実業協会会長に就任。11月、徳川慶喜が死去 | 10月、日本政府が中華民国を承認 |
| 1914 | 大正3 | 74 | 1月、東北地方の凶作、桜島噴火に対処する東北九州災害救済会副総裁となる<br>5月、中日実業株式会社設立を機に、中国を視察<br>12月、明治神宮奉賛会創立準備委員長となる | 7月、第一次世界大戦開戦。8月には日本はドイツに宣戦布告<br>12月、東京駅が開業 |
| 1915 | 大正4 | 75 | 10月、パナマ太平洋万国大博覧会視察のため訪米、ウィルソン大統領とも会見 | 1月、対華二十一カ条要求 |

| | | | | |
|---|---|---|---|---|
| 1916 | 大正5 | 76 | 2月、日米関係委員会が発足し、常務委員となる<br>7月、第一銀行頭取を辞任、実業界の第一線から引退する<br>9月、述作「論語と算盤」刊行 | 9月、工場法施行 |
| 1917 | 大正6 | 77 | 3月、財団法人理化学研究所が創立、創立委員長から副総裁に就任<br>4月、日米協会が創立、名誉副会長に | 9月、金・地金輸出取締令施行<br>11月、ロシアで十月革命 |
| 1918 | 大正7 | 78 | 1月、著作「徳川慶喜公伝」刊行<br>9月、発起人となった田園都市株式会社創立 | 8月、米価急騰、米騒動起きる<br>9月、原敬内閣成立 |
| 1919 | 大正8 | 79 | 5月、アメリカ政府より日米船鉄交換争議の仲裁を委嘱<br>12月、労資協調の調査研究団体、財団法人協調会の副会長となる | 6月、ヴェルサイユ条約締結 |
| 1920 | 大正9 | 80 | 4月、国際聯盟協会会長に就任。6月、日華実業協会会長に就任<br>9月、子爵を授けられる | 3月、株価暴落で戦後恐慌始まる<br>5月、日本初のメーデー |
| 1921 | 大正10 | 81 | 10月、ワシントン軍縮会議視察のため渡米、翌年、ハーディング大統領と面会 | 11月、原敬首相が刺殺される |
| 1922 | 大正11 | 82 | 11月、日印協会会頭に就任 | 7月、日本共産党結成 |
| 1923 | 大正12 | 83 | 9月、大震災善後会副会長、帝都復興審議会委員となる | 9月、関東大震災 |
| 1924 | 大正13 | 84 | 3月、日仏会館理事長、東京女学館館長となる<br>12月、ぜん息のため、翌年3月まで転地療養する | 5月、アメリカで排日移民法成立<br>8月、阪神甲子園球場開場 |
| 1925 | 大正14 | 85 | 5月、内閣より日本無線電信株式会社設立委員長に任命される | 4月、治安維持法、5月普通選挙法公布 |
| 1926 | 大正15<br>（昭和元） | 86 | 3月、太平洋問題調査会の評議員会会長に就任<br>8月、社団法人日本放送協会が設立され、顧問となる | 12月、大正天皇崩御、昭和天皇即位 |
| 1927 | 昭和2 | 87 | 2月、日本国際児童親善会会長に就任。3月、日本青年館で日米親善人形歓迎会を主催 | 3月、昭和金融恐慌 |
| 1928 | 昭和3 | 88 | 7月、日本航空輸送株式会社が創立、創立委員長となる | 2月、衆議院議員総選挙で初の普通選挙実施 |
| 1929 | 昭和4 | 89 | 11月、中央盲人福祉協会の会長に就任 | 10月、世界大恐慌に突入 |
| 1931 | 昭和6 | 91 | 4月、日本女子大学校校長に就任<br>11月11日、死去。戒名は泰徳院殿仁智義譲青淵大居士。15日に谷中墓地に埋葬 | 9月、満州事変勃発 |

## 現代日本の社会の原型はここから始まった

# 生涯500にも上った、栄一が関わった企業たち

1873（明治6）年、井上馨と共に大蔵省を辞し、一民間人として活動をスタートさせた栄一は、日本初の銀行「第一国立銀行」を創立。この銀行を拠点として、株式会社組織による企業の創設・育成に力を注いだ。

栄一が初代頭取を務めた第一国立銀行。日本初の"株式会社"で、幾多の変遷を経て、現在のみずほ銀行に引き継がれている。

栄一の経営に関する考えの中心は、「官尊民卑の打破」と「合本主義による経営」。「官尊民卑の打破」のスローガンを掲げ、日本を近代社会へと発展させる過程では、民間主導でなくてはならない、そして会社の経営は「合本主義」でなくてはならないと説いた。合本主義とは、現代の株式会社制度とほぼ同義ではあるが、栄一はそこに理念や考え方を入れた。合本主義は、「使命」「人材」「資本」の3つの要素によって成り立っているといわれ（渋沢栄一記念財団『合本主義』研究プロジェクト）、その使命は、社会全体の利益を増加させること、すなわち公益性の重視、また会社経営によって利益をあげることは重要だが、株によって事業や利益を独占することには反対で、会社の使命を理解し、公益を追求する志を持った人材が必要とされた。そして事業を展開するために必要な資本を、身分を問わず集めることのできる銀行制度の導入にも力を注いだ。

さらに栄一は、企業の目的が利益の追求にあるのは認めつつも、その根底には道徳がなくてはならないという「道徳経済合一」の考え方を説いた。栄一の道徳の拠り所は『論語』であり、「利益と道徳を調和させる」という経営理念を一冊にまとめたものが、自身の著書『論語と算盤』である。

生涯500あまりの会社と関わりも持ったという栄一。そのほんの一部を並べてみただけで（左頁）、"日本資本主義の父"と呼ばれる所以が分かるだろう。

## 現在に続く主な渋沢栄一関連企業

渋沢栄一は生涯に約500の企業、約600の社会・公共事業と関わったといわれている。ここではその中から現在も活動を続ける主な企業をご紹介する。

**【明治時代】**

**■1872（明治5）年**　製紙：抄紙会社（王子製紙の前身）**■1872（同5）年**　新聞：日報社（毎日新聞の前身）**■1873（同6）年**　ガス：東京会議所瓦斯掛（東京ガスの前身）**■1875（同8）年**　教育：商法講習所（一橋大学の前身）**■1876（同9）年**　新聞：中外物価新報局（日本経済新聞社の前身）／印刷：秀英舎（大日本印刷の前身）／造船：石川島平野造船所（IHIの前身）**■1877（同10）年**　経済団体：東京商法会議所（東京商工会議所の前身）**■1878（同11）年**　取引所：東京株式取引所（東京証券取引所の前身）**■1879（同12）年**　損害保険：東京海上保険会社（東京海上日動火災保険の前身）**■1881（同14）年**　陸運：日本鉄道会社（JR東日本の前身）**■1882年（同15）年**　電気：東京電灯会社（東京電力ホールディングスの前身）**■1885（同18）年**　海運：日本郵船会社（日本郵船の前身）**■1887（同20）年**　ホテル：東京ホテル（帝国ホテルの前身）／綿業：東京綿商社（カネボウ化粧品、KBセーレンの前身）／麦酒：札幌麦酒会社（サッポロビール、アサヒビールの前身）**■1901（同34）年**　通信：日本広告（電通の前身）／教育：日本女子大学校（日本女子大学の前身）**■1903（同36）年**　交通：畿内電気鉄道（京阪電鉄の前身）

**【大正・昭和時代】**

**■1912（大正元）年**　製鋼：日本鋼管（JFEスチールの前身）**■1913（同2）年**　製薬：三共（第一三共の前身）**■1914（同3）年**　通信：国際通信社（共同通信社、時事通信社の前身）**■1917年（同6）年**　交通：東京軽便地下鉄道（東京地下鉄の前身）**■1919（同8）年**　通信：日米電信（KDDIの前身）**■1922（同11）年**　経済団体：日本経済聯盟会（日本経済団体連合会の前身）**■1926（同15）年**　放送：日本放送協会（NHKの前身）

など（一部を紹介）。

# 大河ドラマを楽しく見られる幕末・維新・明治ミニ用語辞典

主に幕末～明治時代の出来事や言葉などをまとめて解説。渋沢栄一が活躍した時代を理解するために押さえておきたい用語集。

## あ行

**【安政の大獄】**

大老・井伊直弼の政治方針に反対する大名や志士、公家らを処罰した政治弾圧。連座したのは100人に及ぶ。主な処刑者は吉田松陰、橋本左内、頼三樹三郎ら。


**【池田屋事件】**

1864（元治元）年、近藤勇率いる新選組が京都三条の池田屋に集結していた長州藩を中心とした尊攘派志士を襲い、二十数名を殺傷、捕縛した事件。この事件に憤激した長州藩は翌月、禁門の変を引き起こした。


**【岩倉使節団】**

条約改正の予備交渉を目的に結成された外国派遣使節。岩倉具視を大使に、木戸孝允、大久保利通、伊藤博文らを副使に欧米各国を回った。1871（明治4）年に出発し、1873（同6）年に帰国。


**【江戸城無血開城】**

幕府の本拠、江戸城の明け渡しをいう。1868（慶応4）年、官軍は慶喜討伐を決め江戸攻撃に向け進軍するが、慶喜の恭順、山岡鉄舟の裏工作、勝海舟と西郷隆盛の会見などにより、慶喜の助命と江戸城無血開城を条件に官軍の攻撃は中止された。


**【王政復古の大号令】**

大政奉還後の1867（慶応3）年に、薩摩、長州の武力討幕派が中心となって出したもので、幕府を廃止し、天皇の下に新たな職を置いて有力な藩による新政府樹立を目指した。

## か行

**【海軍操練所】**
①1864（元治元）年に江戸幕府が神戸に設置した海軍の教育機関（神戸海軍操練所）。翌年廃止。②1869（明治2）年に新政府が創設した海軍の士官養成所。後に海軍兵学校へと引き継がれた。

**【外国奉行】**

幕府の外交を担う役職。1858（安政5）年の日米修好通商条約締結後、海防掛を廃止して新設。水野忠徳、永井尚志、岩瀬忠震らが任命された。


**【改正掛《かいせいがかり》】**

明治新政府に必要な制度の企画、素案を作成する部局。1869（明治2）年に民部省に設置され、翌年大蔵省に移管された。


**【海防掛《かいぼうがかり》】**

1858（安政5）年に外国奉行が置かれるまで、対外問題を専門に扱った幕府の職務。ペリー来航以降は阿部正弘らを中心に重要な対外政策を担った。


**【貴族院】**

明治憲法下で衆議院と共に帝国議会の一翼

を担った立法機関。皇族・華族らの世襲議員、勲功のあった者、学識経験者らの勅選議員、多額納税者議員で構成された。1947（昭和22）年に廃止。


**【京都守護職】**

京都の治安維持を任務とした幕府の官職。1862（文久2）年に京都に新設し、会津藩主・松平容保を任命。新選組を配下に置いた。


**【禁門の変】**

蛤御門の変ともいう。八月十八日の政変で京を追われ、失脚した長州藩が、1864（元治元）年の池田屋事件をきっかけに京都守護職の追放を掲げて決起。薩摩、会津、桑名らの藩兵と交戦し、長州藩は敗退した。


**【公武合体】**

朝廷と幕府の連携によって幕府の威信を回復し、政局の安定を狙った策。老中・安藤信正らは和宮降嫁を具体化したが、1962（文久2）年に坂下門外の変が起こり、安藤の失脚とともに衰退する。


**【五箇条の御誓文】**

明治新政府の基本方針を5つにまとめたもの。1868（明治元）年に発布された。由利公正が起草し、福岡孝弟が修正した。列藩同盟による国の運営を基本とした。公議世論の尊重と開国和親を重点に定めた。


**【国立銀行条例】**

殖産興業の促進、不換紙幣の整理などを目的に1872（明治5）年に発布された条例。この条例によって国立第一銀行（現・みずほ銀行）など4銀行が設立された。

## さ行

**【坂下門外の変】**

1862（文久2）年、老中・安藤信正らが計画し実行に移した和宮降嫁に反対した尊攘派の浪士が、江戸城坂下門外で安藤を襲った事件。浪士6名は全員惨殺、首謀者の大橋訥庵も逮捕された。


**【桜田門外の変】**

1860（安政7）年、水戸浪士ら尊攘派の志士が、大老・井伊直弼を暗殺した事件。井伊の安政の大獄に対する不満が背景にあった。これによって幕府の権威は失墜した。


**【薩英戦争】**

生麦事件の報復のため、1863（文久3）年にイギリス艦隊が鹿児島城下に砲撃を加え、交戦。両軍とも大きな損害を被り、勝敗不明のまま終わった。薩摩藩は外国の軍事力を認め、交渉によって事件を解決した。


**【薩長同盟】**

1866（慶応2）年、坂本龍馬、中岡慎太郎らの仲介で、薩摩、長州両藩が結んだ盟約。互いに反目しあっていた両藩は急接近し、これにより討幕運動は大きく前進した。


**【士族の反乱】**

明治初期に、士族の特権廃止政策に不満を持った士族が各地で起こした反乱。江藤新平の佐賀の乱、前原一誠の萩の乱、熊本の神風連の乱などが知られる。


**【将軍後見職】**

将軍の補佐役。1862（文久2）年、文久の改革により徳川慶喜が任じられた。1864（元治元）年に廃止。

**【商法会議所】**

商工業者の利益擁護を目的に作られた組織。1878（明治11）年、渋沢栄一らを中心に東京商法会議所が、同年、五代友厚らが大阪商法会議所を創設。


**【殖産興業】**

諸外国からの圧力に対抗するため、国内生産を増やし、産業を振興させて富国強兵を目指す明治政府の政策。初期には鉄道や電信などの官営事業の創設、製糸などの模範工場の建設などが実行された。


**【枢密院】**

1888（明治21）年、明治憲法草案審議のために設置。憲法制定後は天皇の最高諮問機関として、重要な国事案件を審議した。初代議長は伊藤博文。


**【征韓論】**

明治新政府によって唱えられた「朝鮮の排外政策を武力で打破し、開国させよう」という主張。岩倉使節団が外遊中に、参議の西郷隆盛や板垣退助らが主唱した。


**【西南戦争】**

1877（明治10）年2～9月。明治初期に起こった士族の最大の反乱。西郷隆盛を擁した鹿児島の私学校生ら政府に不満を持つ士族が挙兵した。政府軍に鎮圧され、これによって武力による新政府への反抗は終わった。


**【尊王攘夷論】**

尊王論（天皇崇拝）と攘夷論（外国人排斥）が、黒船来航などの外圧を機に結びついた政治思想。幕末期には長州藩などの尊攘派の志士が、尊王攘夷思想を倒幕運動に発展させて維新につながった。

## た行

**【第一国立銀行】**

国立銀行条例によって1873（明治6）年に設立されたわが国初の銀行。1875（同8）年に渋沢栄一が頭取となった。現・みずほ銀行。


**【大政奉還】**

政権を天皇に返上すること。1867（慶応3）年10月14日、徳川慶喜が朝廷へ政権返上を申し入れ、翌日受諾された。これによって700年続いた武家政治は終わりを告げた。


**【大老】**

江戸幕府の職名。状況に応じて老中の上に置かれ、政務を統括した幕府最高の職。


**【長州征伐】**

第一次長州征伐は、1864（文治元）年、禁門の変を理由に長州征伐の勅命を受けた幕府が長州藩を責めた戦争。1866（慶応2）年の第二次長州征伐は、高杉晋作らが藩の実権を握り、倒幕の動きを強めたことにより、再び幕府が勅許を得て長州を攻めた戦争をいう。


**【寺田屋事件】**

1862（文久2）年、薩摩藩士・有馬新七らが倒幕挙兵を企て京都伏見の寺田屋に集まったところを、島津久光が幕政改革の妨げになるとして、家臣に襲わせ、殺害した事件。


**【天狗党の乱】**

水戸の尊攘過激派が、1864（元治元）年に筑波山で挙兵した事件。慶喜をたよって上洛の途中、加賀藩に降伏。藤田小四郎、武田耕雲斎ら多数が処刑された。


**【道徳経済合一説】**

「企業の目的が利益の追求であったとしても根底には道徳がなくてはならないと」いう渋沢栄一が唱えた経営哲学。


**【鳥羽・伏見の戦い】**

王政復古後、新政府内の討幕派が、徳川慶喜に対し官を辞し領地を返納することを求めたことに憤激した旧幕府の兵が、1868（慶応4）年、大坂から大挙入京。鳥羽・伏見で薩長の兵と交戦。旧幕府軍は大敗し慶喜は江戸に逃れた。


**【富岡製糸場】**

1872（明治5）年、群馬県富岡に開設した官営の近代的製糸工場。外国人技師の指導で熟練工を養成した。

## な行

**【長崎海軍伝習所】**

1855（安政2）年に長崎に設置された海軍の教育機関。オランダ寄贈の観光丸で訓練を積んだ。勝海舟、榎本武揚らも参加。


**【生麦事件】**

1862（文久2）年に起こった薩摩藩士によるイギリス人殺傷事件。横浜近郊の生麦村付近を通過していた島津久光の一行が、イギリス人の行列への非礼を咎め、3名を殺傷した。この事件が原因で翌年、薩英戦争が起こった。


**【日米修好通商条約】**

1858（安政5）年に締結。下田、箱館に加え、神奈川、長崎などの開港、江戸や大坂の開市、自由貿易の承認、領事裁判権の設定などを取り決めた。


**【日米和親条約】**

1854（嘉永7）年、ペリーの再来航時に調印された。下田、箱館の開港、漂流民の救助、領事の駐在権容認などを取り決めた。幕府はイギリス、ロシア、オランダ、フランスとも同様の条約を締結した。

## は行

**【廃藩置県】**

1871（明治4）年に行われた、これまでの幕藩体制を解体し、日本全国を政府の直轄地とする改革。全国を3府302県、すぐに3府72県とし、1888（同21）年に3府43県（北海道・沖縄をのぞく）となった。


**【箱館戦争】**

五稜郭の戦いとも。1868（明治元）年の箱館・五稜郭における旧幕府の軍艦を率いた榎本武揚と新政府軍との交戦。1869（同2）年、旧幕府軍が降伏、この戦いをもって戊辰戦争が終結した。


**【八月十八日の政変】**

1863（文久3）年、薩摩、会津などの公武合体派が、長州藩など急進的な尊王攘夷派を京都から追い出した事件。三条実美ら尊攘派の公卿7名も長州藩士と長州へ逃れた。


**【パリ万国博覧会】**

1867（慶応3）年にパリで行われた第4回万国産業博覧会のこと。日本はこのとき初めて万国博に参加。浮世絵などが評判となり、ジャポニズムブームが起こった。


**【版籍奉還】**

1869（明治2）年、全国の藩主が土地と人民を返上した改革。大久保利通、木戸孝允らが建議し、まず薩摩、長州、土佐、肥前の4藩主が奉還。これに他の藩主も習った。


**【富国強兵】**

欧米列強に対抗するため、明治政府が経済の発展と軍事力の強化を国家の目標に定めた際のスローガン。


**【不平等条約】**

締結国同士が対等でない条約。日本も日米修好通商条約では治外法権、協定税率、最恵国条項などの不平等条約に調印させられた。幕末明治初期に結んだこれら不平等条約の改正までには長い交渉が行われた。


**【戊辰戦争】**

1868（慶応4）年の鳥羽・伏見の戦いから翌年の箱館戦争までの新政府軍と旧幕府軍の戦争。1869（明治2）年に箱館戦争で旧幕府軍が降伏して終了した。

## ま行

**【三菱商会】**

岩崎弥太郎が興した会社。1873（明治6）年三川商会を改称して三菱商会とした。士族の乱や海外出兵などでは軍事輸送を独占、後に上海航路も開設するなど、政府との強いパイプを生かして海運を独占。後に三菱合資会社を設立して財閥化した。


**【水戸学】**

水戸藩の『大日本史』編纂を通じて形成された学風。幕末期の後期水戸学では徳川斉昭が登用した藤田東湖らの学者によって主張され、その強烈な尊王攘夷思想は他藩にも大きな影響を与えた。


**【民撰議院設立の建白書】**

1874（明治7）年に、藩閥反主流の土佐、肥前出身の板垣退助、後藤象二郎、副島種臣らが藩閥専制を止め、民撰議院の開設を求めて提出した意見書。自由民権運動の口火となった。

## や行

**【用人】**

江戸時代の武家の職名。主君の側に仕え、財政や庶務全般を担った。有能な家臣があてられた。


**【横浜正金《しょうきん》銀行】**

1880（明治13）年に貿易、金融などを目的に設立された銀行。金本位制が停止した後は為替統制の中心的機関となった。1946（昭和21）年、普通銀行に。現在の三菱ＵＦＪ銀行。

## ら行

**【立憲改進党】**

大隈重信を党首に1882（明治15）年結党。尾崎行雄、犬養毅らが参加。2院制の議会政治とイギリス流の立憲君主制の樹立を唱えた。後に立憲革新党などと合同して進歩党となった。


**【老中】**

江戸幕府内の政務を担当する職務で、常設の職としては最高職。2万5000石以上の譜代大名から選任された。

■写真目録

写真提供：深谷市観光協会（P3）
所蔵：深谷市（P7）
所蔵：渋沢史料館（P11・P13・P15・P50・P62・P70上・P73下・P74下・P82・P140）
所蔵：国立国会図書館「近代日本人の肖像」（P2・P4・P5・P23・P27・P35・P37・P41・P43・P45・P46・P48・P51・P52・P53・P56・P63・P67・P73上・P74上・P79 下・P85・P87・P89・P91・P93・P95・P97・P99・P100・P101・P103・P104・P105・P106・P107・P111・P113・P115・P117・P119・P122・P123・P125・P129下・P130上・P131上・P132）
所蔵：国立国会図書館デジタルコレクション（P16・P25・P39・P47・P49・P70下・P71上・P78上・P80・P124・P128下・P131下）
所蔵：福山誠之館同窓会（P19）
所蔵：豪徳寺（P21）
所蔵：尚古集成館（P29・P55）
所蔵：松月院（P31）
所蔵：茨城県立歴史館（P33・P77上）
写真提供：弘道館（P39下）
写真提供：新城市設楽原歴史資料館・出典：阿部正弘事蹟（P44）
写真提供：会津若松市立会津図書館（P54）
所蔵：徳川記念財団（P57・P58）
所蔵：茨城県立図書館（P59）
所蔵：徳川林政史研究所（P60）
写真協力：岡崎市奥殿陣屋（P61）
所蔵：個人（土浦市立博物館寄託）原本：常盤神社義烈館所蔵（P65）
所蔵：個人（佐倉市教育委員会提供）（P66）
所蔵：玉泉寺（P68）
所蔵：横須賀市自然・人文博物館（P69）
所蔵：東京都立図書館（P71下）
所蔵：東京都江戸東京博物館　Image：東京都歴史文化財団イメージアーカイブ
作品名：高橋泥舟肖像写真（P75上）
所蔵：福井市立郷土歴史博物館（P75下）
所蔵：松戸市戸定歴史館（P76下）
所蔵：東京大学史料編纂所古写真データベース（P79上）
所蔵：鹿児島県歴史・美術センター黎明館（P102）
所蔵：三菱史料館（P120）
所蔵：砺波市（P121）
写真提供：二松学舎大学（P126）
所蔵：『山城屋和助』京都大学附属図書館（P127）
写真提供：金沢ふるさと偉人館（P129上）
写真提供：神川町教育委員会（P130下）
所蔵不明：P64

いばらきフィルムコミッション
Weekly Report Niigata（新潟ロータリークラブ）
上田マルチメディア情報センター　上田人物伝
ウェブ版「有隣」
宇和島市
NPO産業観光学習館　上武絹の道
大磯町　大磯まちづくり会議「大磯建物語」
大倉集古館
大阪商工会議所　大阪の恩人　五代友厚
小野光賢・光景記念館
鹿児島県観光サイト「どんどんかごしまの旅」
神奈川県立図書館
神奈川県立歴史博物館
金沢ふるさと異人館
上里町
神川町
観光いばらき
関西大学　泊園書院
北区
群馬県
京浜河川事務所
月刊「事業構想」2014年8月号
国立公文書館アジア歴史資料センター
国立公文書館　明治宰相列伝
国立国会図書館
近代日本人の肖像
　憲政資料室所蔵資料
　中高生のための「幕末・明治の日本の歴史事典」
　デジタルコレクション
　リサーチ・ナビ
国立歴史民俗博物館Webサイト
五代塾
コトバンク
　朝日日本歴史人物事典（朝日新聞出版）
　20世紀日本人名事典（日外アソシエーツ）
　デジタル版「日本人名大辞典」（講談社）
　ブリタニカ国際大百科事典
佐賀市観光協会
坂戸市立図書館
産経電子版
三省堂　DICTIONARIES & BEYOND
　WORLD-WISE WEB
事業構想大学院大学「事業構想研究所」
渋沢栄一記念館　デジタルミュージアム
渋沢栄一記念財団
　渋沢栄一年譜
　デジタル版「渋沢栄一伝記資料」
　デジタル版「実験論語処世談」ほか

渋沢社史データベース
　住友金属工業六十年小史
　安田銀行六十年誌
ジャパンナレッジ
　デジタル版 日本人名大辞典+Plus（講談社）
　ジョン万次郎資料館
　日本大百科全書（小学館）
新城市
渋沢社史データベース　住友金属工業
誠之館人物誌
世田谷デジタルミュージアム
大成建設　140周年記念サイト
大同生命　五代友厚と広岡浅子
ダイヤモンドオンライン
高梁川流域キッズ
高梁市教育委員会
高峰譲吉博士研究会
武雄市歴史資料館
千葉県
茶の湯　こころと美（表千家不審菴）
東亜建設工業
東京経済大学
東京農業大学
鞆の浦.jp（鞆酒造）
長崎県文化振興課　旅する長崎学～たびなが～
中津川市観光協会
新渡戸稲三記念館
二松学舎大学　二松学舎列伝
日本極地研究振興会　シリーズ「南極観測隊
　エピソード」
日本財団電子図書館
函館市文化・スポーツ振興財団
BS朝日「昭和偉人伝」
深谷市
　尾高惇忠生家パンフレット
　火技之中興洋兵之開祖 高島秋帆について
　旧渋沢邸「中の家」パンフレット
　深谷の三偉人と史跡めぐりガイドブック　ほか
普賢寺
BUSHOO！JAPAN（武将ジャパン）
文化庁　国指定文化財等データベース
三井広報委員会
三菱グループサイト
水戸市
盛岡市教育委員会
郵政博物館　「博物館ノート　前島密一代記」
早稲田大学
古典籍総合データベース　大隈重信関係資料

参考文献

■図書・論文等
「アーネスト・サトウ　一外交官の見た明治維新（下）」坂田精一訳（岩波文庫）
「一冊でわかる　イラストでわかる　図解幕末・維新」（成美堂出版）
「榎本武揚と東京農大」松田藤四郎著（東京農大出版会）
「おおた区報 平成30（2018）年　no.1528」（大田区）
「男たちの明治維新―エピソード人物史」奈良本辰也著（文春文庫）
「親分子分＜侠客編＞」白柳秀湖著（千倉書房・国立国会図書館デジタルコレクション）
「『女大学』から女子大学へ：渋沢栄一の女子教育への思い」（渋沢史料館）
「改訂版　日本史Ｂ用語集」（山川出版社）
「学習まんが　人間渋沢栄一」矢野功　作・画（渋沢青淵記念財団竜門社）
「学習まんが　渋沢栄一」渋沢史料館監修：伊藤砂務画（集英社）
「勝海舟」船戸安之著（成美文庫）
「逆境を乗り越える　渋沢栄一の言葉」桑原晃弥著（リベラル社）
「『九転十起』広岡浅子の生涯」（潮出版社）
「決定版　図説・幕末志士199」（学研）
「現代語訳　渋沢栄一自伝：「論語と算盤」を道標として」渋沢栄一著（平凡社新書）
「現代語訳 論語と算盤」渋沢栄一著　守屋淳訳（ちくま新書）
「国史大辞典」国史大辞典編集委員会編（吉川弘文館）
「この人を見よ！歴史をつくった人びと伝 25 渋沢栄一」プロジェクト新・偉人伝著（ポプラ社）
「三条実美　維新政権の『有徳の為政者』」内藤一成著（中公新書）
「渋沢栄一」土屋喬雄著（吉川弘文館）
「渋沢栄一　―日本のインフラを創った民間経済の巨人」木村昌人著（筑摩書房）
「渋沢栄一訓言集」渋沢栄一著　渋沢青淵記念財団竜門社編（国書刊行会）
「渋沢栄一自伝　雨夜譚・青淵回顧録（抄）」
　渋沢栄一著（KADOKAWA）
「渋沢栄一のヨーロッパ旅行」（渋沢史料館）
「渋沢栄一、パリ万国博覧会へ行く」（渋沢史料館）
「渋沢栄一　100の言葉」津本陽監修（宝島社）
「渋沢栄一を知る事典」渋沢栄一記念財団編（東京堂出版）
「渋沢史料館　常設展示図録」（渋沢史料館）
「青年訓話」大隈重信著（丸山舎書籍部・国立国会図書館デジタルコレクション）
「世外井上公伝」井上馨侯伝記編纂会編（内外書籍・国立国会図書館デジタルコレクション）
「全国版　幕末維新人物事典」歴史群像編集部編（学研プラス）
「天璋院篤姫の生涯」（新人物往来社）
「徳川慶喜展　図録」（NHKプロモーション）
「徳川慶喜と幕臣たちの履歴書」入江康範著（ダイヤモンド社）
「永井尚志：皇国のため徳川家のため」高村直助著（ミネルヴァ書房）
「日本近現代人名辞典」（吉川弘文館）
「日本近世人名辞典」（吉川弘文館）
「日本史人物辞典」日本史広辞典編集委員会編（山川出版社）
「日本人名大事典」（平凡社）
「幕末維新埼玉人物列伝」小高旭之著（さきたま出版会）
「幕末維新に学ぶ現在」山内昌之著（中央公論新社）
「幕末の農兵」樋口雄彦著（現代書館）
「幕末明治傑物伝」紀田順一郎著（平凡社）
「旗本家百科事典　第4巻」（東洋書林）
「氷川清話」勝海舟著（講談社学術文庫）
「人とことば」日本歴史学会編（吉川弘文館）
「ビジュアル幕末1000人」大石学監修（世界文化社）
「ビジュアル版　日本史1000人　上・下巻」（世界文化社）
「別冊太陽224 幕末・維新 長州傑士列伝」（平凡社）
「松平忠固、赤松小三郎：上田にみる近代の夜明け」（上田市立博物館）
「三島由紀夫　文学の軌跡」越次倶子著（広論社）
「三島由紀夫『日録』」安藤武著（未知谷）
「明治・大正・昭和　ビジュアル近代日本の1000人」（世界文化社）
「明治を耕した話　父-渋沢栄一」渋沢秀雄著（青蛙房）
「山県有朋　愚直な権力者の生涯」伊藤之雄著（文春新書）
「雄気堂々　上・下巻」城山三郎著（新潮文庫）
論文「五代友厚と半田銀山　－明治前期大阪経済再建策とその挫折－」田崎公司著（大阪商業大学）
論文「渋沢喜作を通してみた明治維新　－彰義隊発足から新政府出仕まで－」伊藤綾著（関東学院大学）

■インターネットサイト　＊特記のないものは各団体、企業の公式HP等になります。
朝日新聞デジタル
板橋区シティプロモーションページ
糸平興産
茨城県立歴史館
茨城大学図書館

デザイン　　design clopper、斉藤英俊
執　筆　　井上晋、河上いつ子、清水直子、須藤美紀、山本拓哉
編集・執筆　合同会社さくら編集工房
印刷・製本　株式会社シナノ

幕末・維新・明治の偉人たち
# 渋沢栄一と同時代を生きたキーパーソン100

第1刷　2021年1月25日

著　者　「渋沢栄一と同時代を生きたキーパーソン100」製作委員会

発行者　田中賢一

発　行　株式会社東京ニュース通信社
〒104-8415 東京都中央区銀座7-16-3
電話 03-6367-8004

発　売　株式会社講談社
〒112-8001 東京都文京区音羽2-12-21
電話 03-5395-3606

本書に掲載した写真、絵画は、公共機関や権利所有者から提供を受けたもの、パブリックドメインとなっているものを掲載しておりますが、どうしても画像所有者が判明しないものも含まれております。情報をお持ちの方は編集部までご一報いただけますと幸いです。


ISBN978-4-06-522322-2